成才有道

孙大伟　滕方炜　著

河南人民出版社

图书在版编目(CIP)数据

成才有道／孙大伟,滕方炜著. —郑州：河南人民出版社,2016.3

ISBN 978 - 7 - 215 - 09941 - 8

Ⅰ. ①成… Ⅱ. ①孙… Ⅲ. ①人才学 Ⅳ. ①C96

中国版本图书馆 CIP 数据核字(2016)第 059493 号

河南人民出版社出版发行

(地址:郑州市经五路66号　　邮政编码:450002　　电话:65788066)

新华书店经销　　河南安泰彩印有限公司印刷

开本 890 毫米×1240 毫米　　1/32　　印张 5

字数 112 千字

2016 年 3 月第 1 版　　2016 年 3 月第 1 次印刷

编辑邮箱　　1169129189@qq.com

定价:26.00 元

作者简介

孙大伟： 男,1982年出生,山东烟台人,中国社会科学院助理研究员,中国社会科学院研究生院管理学博士;主要研究方向为人才政策及理论等。自2010年以来一直参与《中国人才发展报告》(人才蓝皮书)的编写工作。目前已在《国外社会科学》《学术论坛》《中国人才》等核心刊物以及《中国组织人事报》等人事人才工作专业报纸上发表文章10余篇;出版专著1部;主持完成2项中国社会科学院青年科研项目,参与完成4项中国社会科学院博士后国情考察项目和1项中国社会科学院重大国情调研项目。

滕方炜： 男,1972年出生,河南鄢陵人,中国社会科学院人口与劳动经济所博士后,中国人民大学当代中国史学博士;主要研究方向为当代中国史学等。近年来,在各类刊物发表文章10余篇;出版专著1部。

刘 志： 男,1976年出生,山东淄博人,四川大学道教与宗教文化研究所博士,中国社会科学院世界宗教研究所博士后;现任职中国社会科学院世界宗教研究所副研究员,新疆生产建设兵团党委党校屯垦研究所副所长;主要从事道教文献、道教文化等领域的研究。著有《魏晋南北朝社会生活与道教文化》(四川出版集团巴蜀书社,2013年),参加点校《齐云山志》(社会科学文献出版社,2015年),发表论文《中国古代道教写经》(《世界宗教文化》2014年第5期)等10余篇。

陈左载： 男,1982年出生,安徽无为人,华东师范大学文学博士;主要研究方向为中国传统文化,并从事中国传统文化研究与推广工作。在《历史文献研究》《传统中国研究集刊》等发表学术论文 50 余篇，参与 1 项国家重大社科基金项目。

陈兆梁： 男，1984 年出生，陕西西乡人，文学博士；主要研究方向为古典文献学、传统语言文字学及日本汉学。目前已在专业期刊发表文章多篇。现旅居日本，主要从事中日传统文化交流工作。

卫朝晖： 男，1969 年生，山西新绛人，北京师范大学博士，中国社会科学院文学研究所博士后，天津师范大学副教授；主要研究方向为中国古代哲学、美学、文论与文学。在《光明日报》（国学版）《东岳论丛》等刊物发表学术论文 10 多篇，由中国社会科学出版社出版文艺美学专著《神：从庄学到诗学》，主持并完成中国博士后科学基金项目、"十五"规划教育科学等课题。

赵金刚： 男，1985 年出生，河南安阳人，本科师从北京大学哲学系杨立华老师，博士师从国学泰斗清华大学国学研究院院长陈来老师，现为中国社会科学院哲学研究所博士后，合作导师为李存山老师；主要研究宋明理学、《春秋》学以及中国史学史。长期主持国学读书班，主讲四书等课程，担任过北京大学哲学系主干基础课"中国哲学史"讨论班教师。在《中国哲学史》《哲学门》等核心期刊发表论文若干。

李圣传： 男，1984 年出生，江西吉安人，中国社会科学院文学研究所博士后，北京师范大学文学博士；主要研究方向为文艺理论、美学及文艺批评。先后参与和主持五项国家与省部级科研项目，并在《文学评论》《光明日报》等权威报刊独立发表论文近 30 篇，其中有 2 篇被《新华文摘》全文转载；另有 8 篇次被中共中央宣传部《学习·活页文选》《高等学校文科学术文摘》《中国文学年鉴》，中国高校系列专业期刊《文学学报》《哲学学报》以及人大报刊复印资料《美学》等全文转载。

序　言

致天下之智者在人才,人才的重要作用是不言而喻的。但是国家如何培养人才,个体的人如何成长为人才? 这是一个亘古的难题,古仁人们孜孜以求其道,为后人留下了诸多宝贵的精神财富。虽然如此,但是成才之道仍然困扰大众、学者和政府,难有正解。钱学森老先生斯人已去,"钱学森之问"仍音犹在耳。

探求成才之道,首先要知道"道"在何处? 我们认为,"道"在"经典"之中。综观中华文明发展史,可以称为传世经典的著作典籍也可谓汗牛充栋、不胜枚举,其中所阐述的道理,每每读来也都振聋发聩、发人深省。本书选择我国传统社会各个阶段具有代表性的经典著作——《道德经》《论语》《金刚经》《朱子家训》和《曾国藩家书》进行解读,以期管中窥豹,探求成才之大道。

《道德经》是中华文化的瑰宝。《道德经》的思想主旨就是中国传统思想文化的精髓"道"和"德"。关于道、德变化的思想博大精深,其中也蕴含着个人如何运用自然无为的思想方法来认识变化、把握变化和成长、成才的道理,为我们探讨成才之道提供了丰富的资源和深邃的智慧。

《论语》是又一部中华文化的瑰宝。《论语》是后人对孔子及其弟子言行的集录。"语"是中国古代的一种文体名,其内容一般是对人谈论或者应答并且陈述己见,区别于无一定对象的直陈己见的"言"。其章节简短,一言一事各自起讫,前后不相属,罕有长篇议论，然而言简意深，耐人回味。《论语》一书集中体现了孔子的政治、哲学、管理和教育思想，而孔子又是伟大的教育实践者。因此，对不同层次和不同维度的人才的定义，对如何通过实际的教育行为培养人才，孔子都有着深邃并且精辟的见解，需要我们世世代代的后人深刻学习和领悟。

在佛教典籍三藏十二部经当中，属于般若部的《金刚经》无疑是对东方世界千百年来的文化生活影响甚为深远，而且地位甚为特殊的一部。从经名来看，"金刚"即指如金刚石一般的至为坚硬、锐利、通透、光明的本性。由于佛门说法的指归在于心，因而金刚实际上也就是指对人的内心和自性的锤炼欲达到对外无坚不摧、自身无限强大、心性无比通明的最高境界，而这正是成为人才所必需的品质。

中华民族素来重视"家训"，家庭是中国古人最主要的受教育场所，家庭教育也是古人成才的核心环节。因此，中国古代"家训"很多，本书选取其中有代表性的《朱子家训》和《曾国藩家书》进行深入解读。《朱子家训》是由一代大儒朱熹亲笔写就、供后世朱氏家族学习效仿的家训。朱氏家族百年来恪守祖训，至今人丁兴旺，英才辈出，为传统中国家族的典范。至今，世界朱氏宗亲会还十分重视《朱子家训》的当代意义。《朱子家训》短小精悍，总共不过317字，可谓字字珠玑，其特点是强调人在日常生活中的言行所应该遵守的原则。"日用常行之道"即为成才之道，这不仅对朱氏后世子孙乃至对整个中华民族后人的成长都有很多的启发意义。

《曾国藩家书》是"晚清第一名臣"曾国藩写给家人子弟的书信，是中国历史上家书保存最为完整的谱系之一。在思想内容上，《曾国藩家书》涵盖修身、劝学、治家、理财、交友、为政、用人、养生、军事等各大方面，言简意赅而精深至理。在语言形式上，《曾国藩家书》恭肃谨严而又形式自由、活泼生动，在镇定从容中饱蘸哲理。在结构体例上,《曾国藩家书》同样严谨恭肃,各部分皆有章法可循,极具纪律性。曾氏家书最主要的特点是强调以德育人,因此也成为为人处世之金针,是成就大事的锦囊,是所有欲入成功之门者的必读之书。

　　本书对五部经典著作进行逐一解读,因此分为五章。全书由孙大伟、滕方炜构思,并与其他作者合作撰写,最终由孙大伟、滕方炜统稿、校对完成。具体而言:第一章是对道家经典《道德经》的解读,由刘志、孙大伟、滕方炜完成;第二章是对儒家经典《论语》的解读,由陈左载、陈兆梁、孙大伟、滕方炜完成;第三章是对佛教经典《金刚经》的解读,由卫朝晖、孙大伟、滕方炜完成;第四章是对《朱子家训》的解读,由赵金刚、孙大伟、滕方炜完成;第五章是对《曾国藩家书》的解读,由李圣传、孙大伟、滕方炜完成。每一章撰写格式都是一致的,即都分为经典释名、成才之道、成才有道三部分。首先,经典释名是介绍《经典》本身,用词平实、简洁,务求将《经典》的内容及其历史地位讲清楚。其次,成才之道是介绍《经典》关于如何成才、何以成才的精彩观点;书中所列观点均以典故或寓言加以论证,并进行了深刻解读;如此这般既增加了可读性,又提高了可信度。最后,成才有道是指导人们如何运用《经典》中所提到的"道"去解决现实的问题。

　　本书有三个主要亮点。一是解读经典:《道德经》《论语》《金刚经》《朱子家训》《曾国藩家书》等中国传统文化的精华,在中华文明乃至整个人类文明发展史上曾经并且一直在发挥着重要的作用。很多人对这些名字都耳熟能详,但是对其具体内容并不是很熟悉。因此解读经典成为必要!本书对于经典的解读并不是仅就原著本身进行枯燥的学术解读,而是借助诸多典故、寓言,通过讲故事的方式进行大众化的、生活化的解读。所以阅读本书将是了解这些经典著作最好的途径。二是请博士后和博士解读:博士后和博士属于高层次人才,在各自的领域属于出类拔萃的人物,由博士后、博士来解读这些经典,可以将博士后、博士本人的成才体会与大家共享,更能引起大家的兴趣,吸引大家的关注。三是探寻成才之道:"钱学森之问"并没有随着钱老本人的离世而消失,反而更加赤裸地拷问着我们。我们依然迷茫,不知道何以成才、以何成才?! 通过解读中华历史上独一无二的经典之作,向大众介绍经典中的被历史证明是正确有效的成才之道,无疑是当下中国人最需要的。

2016 年元旦于北京

目 录

第一章 《道德经》与成才之道

第一节 经典释名——老子和《道德经》

老子(约公元前 571 年至 471 年)是春秋末年的思想家、道家学说的创始人。老子姓李,名耳,字伯阳,又称老聃,楚国苦县(今河南鹿邑)人。曾任周王朝柱下史,掌管王室藏书。其年岁长于孔子,相传孔子曾向老子请教有关礼制的问题。春秋末年,战乱频繁,老子看到王室日益衰败,遂隐去。传说老子西行过函谷关,应关令尹喜的请求,著书立说,共 5000 余字,即后世所称《道德经》。

老子所著《道德经》的传世版本很多,主要有以下几种:河上公章句本,据说为西汉初隐士河上公撰,传授汉文帝;王弼注本,成书于曹魏正始年间;《道德经》古本篇,由唐代傅奕校定;还有敦煌五千文本、马王堆帛书本,等等。我们这里用的是由中华书局出版的《老子道德经河上公章句》本,该书出版近 20 年来已被学术界广泛引用,是现在最好的通行版本之一。

《道德经》共 81 章,5000 余字,其思想主旨就是中国传统思想文化的精髓"道"。老子讲的"道"是什么?就基本思想内容而言指的是自然无为。自然无为是指事物本来的样子和对待事物的客观态度,并非消极保守、无所作为,而是对天、地、人变化规律的总结和升华。学术界有一种观点,《道德经》与《易传》有着密切的联系。而"易"的基本涵义之一就是讲变易、变化。我们若用心阅读《道德经》也会发现,老子是以自然、社会和人的变化为背景讲述"道",系统地阐明"自然无为"的思想。可以这么说"无为"与"变化"是有效理解《道德经》的基本方法之一。

《道德经》还有一重要概念是"德",德是道的基础,是得道的体现。联系上文所述,《道德经》的思想内容包括两大部分:道的变化和德的变化。关于道生化万物,老子讲:"道生一,一生二,二生三,三生万物。万物负阴而抱阳,冲气以为和"(第四十二章)。由道产生万物的过程是运化,运化的主要特点是"生"。由道生出混沌元气,由混沌元气生出阴阳二气,阴阳二气的交会而成和合之气,和合之气再生出天地万物。关于德化,老子讲述了万物以德为基础复归于道的过程。道在生成天地万物中起着根本作用,德是道的一种重要体现,在复归于道的真朴中起着基础作用。德化的过程是归复,"常德乃足,复归于朴"(第二十八章)。《道德经》又讲:"重积德则无不克,无不克则莫知其极。莫知其极可以有国。有国之母,可以长久。是谓深根固蒂,长生久视之道"(第五十九章)。认为积累雄厚的德,那就有掌握变化的深厚基础。德化既是讲个体生命的成长,又是讲治国之道,认为繁文缛节不足以教化民众,应该弃绝重恩惠、尚华言的浮躁,用道家的德化使民心向简单、淳朴、自然的理想状态归复。《道德经》关于道、德变化的思想博大精深,其中也蕴含着个人如何运用自然无为的思想方法来认识变化、把握变化和成长、成才的道理,为我们探讨成才之道提供了丰富的资源和深邃的智慧。

第二节　成才之道——《道德经》中人才的特点

《道德经》对有道之士或者说人才的称谓有多种,比如:"士""君子""大丈夫""赤子"等,他们都是从不同方面体现着老子讲的自然无为原则。若简要概括一下,可以看出老子讲的人才有七个特点。

一、微妙玄通

《道德经》第十五章讲:"古之善为士者,微妙玄通,深不可识"。是说有道之士思想微妙,善于掌握事物的精微之处。事物的本来面貌常常表现在细节上,是客观认识事物的关键所在。重视细节也是成功者的基本素质,从细节看问题容易保持客观的心态,不带主观偏见,这也是自然无为的基本要求。反之马马虎虎、忽视细节是成功的大敌,会被表面现象迷惑。重视细节不是钻牛角尖,是从精微之处看整体,从而达到细节与整体的贯通。

典故一

庖丁解牛

庖丁为文惠君解牛,手之所触,肩之所倚,足之所履,膝之所踦,砉然向然,奏刀𬴃然,莫不中音。合于《桑林》之舞,乃中《经首》之会。文惠君曰:"嘻,善哉! 技盖至此乎?"庖丁释刀对曰:"臣之所好者道也,进乎技矣。始臣之解牛之时,所见无非牛者。三年之后,未尝见全牛也。方今之时,臣以神遇而不以目视,官知止而神欲行。依乎天理,批大郤,导大窾,因其固然,技经肯綮之未尝,而况大軱乎! 良庖岁更刀,割也;族庖月更刀,折也。今臣之刀十九年矣,所解数千牛矣,而刀刃若新发于硎。彼节者有间,而刀刃者无厚;以无厚入有间,恢恢乎其于游刃必有余地矣,是以十九年而刀刃若新发于硎。虽然,每至于族,吾见其难为,怵然为戒,视为止,行为迟。动刀甚微,謋然已解,如土委地。提刀而立,为之四顾,为之踌躇满志,善刀而藏之。"文惠君曰:"善哉! 吾闻庖丁之言,得养生焉。"

——《庄子·养生主》

　　解读："庖丁解牛"比喻技艺高超，得心应手，游刃有余。如此高超的技艺，如庖丁所言是"以无厚入有间"。"无厚"是用刀的技艺，通过反复练习，熟练到在牛骨节的间隙中都没有阻力，这与《道德经》所讲"微妙玄通"有异曲同工之妙。

　　二、勤而行之

　　《道德经》第四十一章讲："上士闻道，勤而行之。"是说悟性好的人闻道之后就勤奋地去施行。勤奋是成才的必要条件，无论有多么高的天赋，都不可能坐享其成。勤奋与无为并不矛盾，勤奋是对提高自身素质的不懈努力，无为也并不等于偷懒。勤奋也是专心致志的一种表现，能够始终集中精力不分心、不沉溺于享乐，这就与无为相近了。无为的心态来自于辛勤的汗水，是经过艰苦锻炼后的冷静和严谨。

　　典故二

磨杵成针

　　磨针溪，在象耳山下。世传李太白读书山中，未成，弃去。过是溪，逢老媪方磨铁杵，问之，曰："欲作针。"太白感其意，还卒业。媪自言武姓。今溪旁有武氏岩。

——祝穆《方舆胜览·眉州》

　　解读："磨杵成针"是关于唐代大诗人李白的传说故事，旨在说明只要有决心，勤学苦练，终成大器。这个成语也在说明即便有"诗仙"李白这样的天赋，也离不开学习的毅力和恒心。磨杵成针的过程犹如学子成长、成才的历程，经过勤奋学习、反复磨炼，才能取得成功。在磨炼中，人的优秀品质逐步得到锻炼，经验和知识得到积累；在磨炼中也会不断发现自身的缺点，总结出失败的教训,弥补自身的不足。从这一意义上说,成才就是一个磨炼的过程。

三、不武不怒

《道德经》第六十八章讲:"善为士者不武,善战者不怒。"是说善于征战的人不穷兵黩武,善于临阵打仗的人不会被激怒。逞强好胜是有为之心的表现,因争一时的高下而失去理智,这与老子的自然无为思想背道而驰。能够保持冷静、谦虚的心态,不作无谓的争斗,就接近自然无为了。谦虚是一种美德,意味着谦下和包容,《道德经》还讲:"江海所以能为百谷王者,以其善下之"(第六十六章),谦虚的品质可以为成才提供巨大的潜力。

典故三

胯下之辱

淮阴屠中少年有侮信者,曰:"若虽长大,好带刀剑,中情怯耳。"众辱之曰:"信能死,刺我;不能死,出我袴(袴:也写作胯)下。"于是信孰视,俛出袴下,蒲伏。一市人皆笑信,以为怯。"

——司马迁《史记·淮阴侯列传》

解读:"胯下之辱"是说大将军韩信忍受屈辱的故事,正是老子所讲"善为士者不武"的一个典型例子。韩信虽然善于征战,但不会与侮辱他的屠夫拔剑相斗,因为这里的谁胜谁负只是一时的闹剧,若参与这种闹剧则成事不足,败事有余。韩信忍受一时的屈辱,不作无意义的争斗,而要做的事情是去辅佐刘邦建功立业。

四、不离轻重

《道德经》第二十六章讲:"重为轻根,静为躁君。是以圣人终日行,不离辎重,虽有荣观、燕处,超然。"是说稳重是轻率的根本,冷静是浮躁的主宰,所以君子终日行走不离开载装行李的车辆,虽然身处美景也不会放在心上。稳重才不会肆意妄为,是接近无为的表现。稳重才能保持住已取得的成绩,在求学中,稳重者成绩一般比较稳定,浮躁者则起落不定。这就好比是车上的辎重,如果车辆躁动不安,上面的辎重就容易在摇晃中掉下来。

典故四

佝偻承蜩

仲尼适楚,出于林中,见佝偻者承蜩,犹掇之也。仲尼曰:"子巧乎,有道邪?"曰:"我有道也。五六月累丸二而不坠,则失者锱铢;累三而不坠,则失者十一;累五而不坠,犹掇之也。吾处身也,若橛株拘;吾执臂也,若槁木之枝。虽天地之大,万物之多,而唯蜩翼之知。吾不反不侧,不以万物易蜩之翼,何为而不得。"孔子顾谓弟子曰:"用志不分,乃凝于神。其佝偻丈人之谓乎!"

——《庄子·达生》

解读:"佝偻承蜩"讲的是一位老者专心练习捕蝉,掌握了超乎寻常的技能。"用志不分,乃凝于神"是其要旨,不管天地万物多么热闹,老者都不受干扰,不分心,专注于"蜩之翼"。因此老者的技能不断提高,标志就是竿头的泥丸从两个增加到五个,粘蝉就像在地上拾取一样。这种"用志不分"的心理素质,与《道德经》所说的"虽有荣观、燕处超然"相符合。

五、处其厚实

《道德经》第三十八章讲:"是以大丈夫处其厚,不处其薄;处其实,不处其华。"是说得道之人处事敦厚,不居于浅薄;为人朴实,不居于虚华。很明显浅薄、虚华是有为之心的造作,为图一时的荣耀;具备朴实、敦厚的品质,不动名利之心,才经得住时间的考验。朴实的品质就是在事业中实干务实的作风,打下扎实的基础,追求实际的效用,获得真实的成就。从根本上讲成才是实现自身的价值,务实的最大受益者也是自己,追求虚华实际上是对自己的不负责任。

典故五

愚公移山

太行、王屋二山,方七百里,高万仞,本在冀州之南,河阳之北。北山愚公者,年且九十,面山而居。惩山北之塞,出入之迂也。聚室而谋,曰:"吾与汝毕力平险,指通豫南,达于汉阴,可乎?"杂然相许。其妻献疑曰:"以君之力,曾不能损魁父之丘,如太行、王屋何?且焉置土石?"杂曰:"投诸渤海之尾,隐土之北。"遂率子孙荷担者三夫,叩石垦壤,箕畚运于渤海之尾。邻人京城氏之孀妻有遗男,始龀,跳往助之。寒暑易节,始一反焉。河曲智叟笑而止之,曰:"甚矣,汝之不慧。以残年余力,曾不能毁山之一毛,其如土石何?"北山愚公长息曰:"汝心之固,固不可彻,曾不若孀妻弱子。虽我之死,有子存焉;子又生孙,孙又生子;子又生子,子又生孙;子子孙孙无穷匮也,而山不加增,何苦而不平?"河曲智叟亡以应。操蛇之神闻之,惧其不已也,告之于帝。帝感其诚,命夸娥氏二子负二山,一厝朔东,一厝雍南。自此,冀之南,汉之阴,无陇断焉。

——《列子·汤问》

解读:"愚公移山"比喻坚持不懈的务实、实干精神。这种实干精神和毅力,赢得了家庭的支持,邻居的支持,也驳倒了"河曲智叟",最终搬走了两座大山。只要是实干,经过一点一点的积累,总是在不断地接近目标,总有成功的一天。反之,如果愚公只是想着把山挖走,恐怕真的"不能毁山之一毛"。

六、知人者智

《道德经》第三十三章讲:"知人者智,自知者明。"是说能够了解别人的人是有智慧的,能够看清自己的人是高明的。之所以能了解别人,是因为自己不固执己见,并且尊重别人的意见;同样不自以为是,也容易正确认识自己。老子在这里讲的"智"和"明",是一种识人的智慧和自知之明。对于成才之道的启发在于要虚心,不自满,善于向别人学习。个人自身既有优点也有不足,明智之人不是自以为比别人强,而是善于学到别人的长处。

典故六

孺子可教

良尝闲从容步游于下邳圯上,有一老父,衣褐,至良所,直堕其履圯下,顾谓良曰:"孺子,下取履!"良愕然,欲殴之。为其老,强忍,下取履。父曰:"履我!"良业为取履,因长跪履之。父以足受,笑而去。良殊大惊,随目之。父去里所,复还,曰:"孺子可教矣。后五日平明,与我会此。"良因怪之,跪曰:"诺。"五日平明,良往。父已先在,怒曰:"与老人期,后,何也?"去,曰:"后五日早会。"五日鸡鸣,良往。父又先在,复怒曰:"后,何也?"去,曰:"后五日复早来。"五日,良夜未半往。有顷,父亦来,喜曰:"当如是。"出一编书,曰:"读此则为王者师矣。后十年兴。十三年孺子见我济北,谷城山下黄石即我矣。"遂去,无他言,不复见。旦日视其书,乃《太公兵法》也。良因异之,常习读诵之。

——司马迁《史记·留侯世家》

解读："孺子可教"是讲张良向黄石公学习兵法的故事。张良不仅为人谦逊，且有识人之智。他不因黄石公的使唤而动怒，反而非常恭敬地为老者穿鞋；他不因黄石公的训斥而放弃约定，而是更坚定地赴约。其实这也正是黄石公在考验面前的"孺子"人品怎样，是否可以传授兵法秘籍。"孺子可教"这一成语常常用来指年轻人可以造就，有培养前途。

七、比于赤子

《道德经》第五十五章讲："含德之厚，比于赤子。"是说自然无为涵养浑厚的人，就像婴孩一样。婴孩是生命力旺盛的象征，是老子无为思想的形象化比喻，这也是在说得道之人应有一颗赤子之心。"比于赤子"对成才之道的启发是我们应始终保持学习进步的心态，从小学、中学、大学到研究生，从学校到社会，始终保持旺盛的学习能力。学习能力不仅仅是记忆能力、理解能力，更重要的是对学习本身有兴趣。学习兴趣的培养在于能否把自己看成是一个小学生，是否有赤子之心。

典故七
尊师贵道

元和二年春，(章帝)帝东巡狩，还过鲁，幸阙里，以太牢祠孔子及七十二弟子，作六代之乐，大会孔氏男子二十以上者六十三人，命儒者讲论语。僖因自陈谢。帝曰："今日之会，宁于卿宗有光荣乎？"对曰："臣闻明王圣主，莫不尊师贵道。今陛下亲屈万乘，辱临敝里，此乃崇礼先师，增辉圣德。至于光荣，非所敢承。"帝大笑曰："非圣者子孙，焉有斯言乎！"遂拜僖郎中，赐褒成侯并赐孔氏男女钱帛，诏僖从还京师，使校书东观。

——范晔《后汉书·儒林列传》

解读："尊师贵道"是说尊敬师长和所传之道。关于汉章帝的这一典故说明中华民族自古就有"尊师贵道"的传统。如果说这是儒家文化的一个典故，那么在道家文化中，以"道、经、师"为三宝，同样说明道家也具有尊师贵道的文化传统。我们应继承中国文化的这一优良传统并发扬光大。尊师贵道意味着认清楚自己是晚辈、是学生，具有"赤子"之心；尊师贵道也意味着要在学习中继承，更要在学习中发展，那么成才之道自然就在其中。

第三节　成才有道——来自《道德经》的智慧

《道德经》是中华文明的瑰宝，作为道家和道教文化的滥觞，是中国文化之根。《道德经》篇幅很短但是论述视野广阔，关于人的成长、成才的论述是后世中华子孙自强不息、奋发有为的力量源泉。

一、我无为而民自化

一个人的求学、求知以致成长、成才，可看作是一个自身与所处环境发生实质性变化的过程。我们带着这一问题来探讨老子的成才之道，看一看其中对我们有哪些启迪。

《道德经》第五十七章讲："以正治国，以奇用兵，以无事取天下。吾何以知其然哉？以此。天下多忌讳而民弥贫。民多利器，国家滋昏。人多技巧，奇物滋起。法令滋彰，盗贼多有。故圣人云：我无为而民自化，我好静而民自正，我无事而民自富，我无欲而民自朴，我无情而民自清。"

其中"我无为而民自化"，这是体现老子无为变化思想的名句，也是启发我们探讨成才之道的格言。简言之，我们称之为"自化之道"。老子"自化"思想在当代社会生活中，在人的成长、成才的探索过程中,仍然有着重要的启发意义。从一般意义上说,"自化"是自然而然地变化,不施加人为影响而让事物顺其自然地发展,是老子"无为"思想的一种表达方式,再如"自正""自富""自朴""自清",也是在说让人发挥自身的能力,自然而然地达到理想的效果。就现实意义而言,则在于成才首先是个人如何把握自己,如何学习和成长。这其中最重要的是个体自身是否具备成才的条件或潜力。老子的思想以道为核心,就其主体意义而言是指人自身,所以自化之"自"首先是自己。

自化思想的内容,一方面指人发挥自身的潜力,探索客观规律,通过各方面的锻炼不断成长,受到教化;另一方面指万物按照自身的规律进行变化,"道常无为,而无不为。侯王若能守之,万物将自化"(《道德经》第三十七章),万物可引申为客观事物,或者说成长、成才的环境。颇有启发意义的是老子并不生硬地强调达到某一目标,实现某一目的,而是用"化"这种带有实质性、整体性的方式来阐述道家特色的教育思想,那就是注重教化的内容和过程,自然而然地出现理想状态。从自化思想中,我们还可以感受到老子将人与万物作为一个整体来认识和对待,是一个和谐、自然的整体,是一个有微妙变化的整体,这也是中国传统文化天人合一思想的一种体现。个体在锻炼成长过程中,始终面对着个体能力和宏观环境如何相处这一基本问题,个体能力强不等于对宏观环境把握得好。而《道德经》的"自化"思想,注重施教者(圣人)、受教育者(民)、客观环境(万物)是一个变化的整体,在人与人,人与环境的整体中阐述个体的教化、成长问题。

二、为学日益,为道日损

在对于成才的认识上,由于受到某些价值观的影响,人们比较关注是否能够获得成绩、成就、学历,以致地位和金钱。老子深刻地指出人自身的成长有两个基本方面："为学"和"为道",《道德经》第四十八章讲："为学日益,为道日损。损之又损,以至于无为,无为而不为。"为学是知识越来越丰富,为道是思想越来越淡泊。这里讲到了成才过程中的两种变化:益和损。"益"是说知识不妨多学习、多积累,这是成才的知识基础;"损"是讲人的修养则是通过不断减少欲望和主观偏见,以至于自然无为,这是成才的智力条件。益和损可看作是自化成才的两个变化过程,是两个性质不同的变化过程,一个是增加,一个是减少,二者都非常重要。如果只会积累知识,就会非常机械、盲目,以致迷惘,如果只靠改善思想修养,就会变得空洞、乏味。

人们一般认为,成才主要是积累、获得,很少注意到还要损失,并且是不断地损失,所以表面看来益和损有点矛盾。知识越来越丰富的同时思想怎么反而变得越来越简单、单纯? 而在《道德经》中这是相辅相成的,"为学日益"的勤奋学习犹如"既知其子","为道日损"的思想修养如同"复守其母",二者相互促进,形成良性循环,"既知其母,复知其子;既知其子,复守其母,没身不殆"(《老子》第五十二章)。也就是说,知识的积累是为了思想贯通,反过来思维水平的提高,也会促进知识的积累和升华。在现实中常常会遇到这样的情况,学习上下的功夫多,收获却不大,甚至徘徊不前。这时需要改善思维方式,调整知识结构,然后再进行知识积累,则会有事半功倍的效果。

在为学与为道中,老子更多地从为道来讲为学,即从改善思维水平和思想修养来讲提高知识水平。老子认为万事万物都应当回归于道的真朴和自然,就人的修养而言,是减少欲望,回归自然无为的境界,即人们常说的"淡泊以明志,宁静而致远"。这正是自化思想的一个重要方面:身心修养。在当代社会中,人们的生活节奏明显加快,心态浮躁不安,难以拥有清静和幽雅,无为自化对于忙忙碌碌的人们来说,对于渴望成才的学子来说,确实是一种有启发意义的思维方式和调整心理的方法。

三、五色令人目盲,五音令人耳聋

现代社会对人们的诱惑很多,在享乐主义的影响下,许多人渴望成才却又感觉心有余而力不足,或总感觉记忆力下降,难以学习进步了。老子的自化之道,对我们的启发在于成长、成才首先是自身要具备基本的素质和修养,所以我们应先关照自身,准备基础条件。《道德经》第十二章讲:"五色令人目盲,五音令人耳聋,五味令人口爽,驰骋田猎,令人心发狂,难得之货,令人行妨。是以圣人为腹,不为目。故去彼取此。"是说外物通过眼睛和感觉器官影响到人的注意力和心理状态。道家的另一部经典《黄帝阴符经》讲:"心生于物,死于物,机在目",也是说眼睛在联系外物和人的心灵时起着关键作用。人的感官在外物上过度追求,最终会分散注意力,《道德经》从目、耳、口,再讲到"驰骋田猎令人心发狂",即点明了问题的实质,这种狂躁的心态正是成才过程中的大敌。因此,《道德经》这句话的启发意义在于良好的注意力和清静的心态是成才者的基本素质。

树立理想和目标是集中注意力的有效方式。当我们有明确的目标时精力就会比较集中,也易于克服各种诱惑,这时清静无为的修养才有现实意义。这里我们探讨一下注意力大体可分作三个层面:一是树立远大的理想。有理想意味着对人生有长期的规划,相对集中地关注自己的学业或事业。这样会从生活习惯上改变自己,而不是只图一时之用的短期行为,同时对暂时的享乐会比较淡泊。这种良好的健康的习惯会使我们减少不良习惯对我们精力的分散和消耗,实质是在自然而然地增强自己的信心和力量。二是建立近期的重点目标。有目标意味着对近期的事务有妥善的安排,特别是对重点事务有妥善的安排。注意力不集中也是对重点把握不住的反映,当我们知道重点所在的时候,注意力自然就会集中过来。三是明确当下要做的事情。千里之行始于足下,从自己身边的事开始做起,培养自己良好的注意力和清净的心态。如果不对当下正在做的事情做出理智的选择,那么改变也就没有在实践中开始。

其实《道德经》讲的"五色""五音""五味"都是人们的生活要素,是一种客观存在,我们并不能脱离生活而清高地谈成才。我们的努力是在于注意力慢慢发生了改变,良好的习惯开始养成。

四、我有三宝,持而保之

在求学成才的过程中普遍存在着精力浪费的问题。表现在学习不专一,见异思迁,不断地换专业;或同时学多个专业,哪一门也没有真正深入地学习。由于没有集中精力学习,知识结构多而杂乱,始终不能将本专业知识融会贯通。这也是一种浪费,是智力资源的浪费。

与浪费相反的是俭朴,老子认为"俭"是道德修养的一个重要方面,是"三宝"之一,《道德经》第六十七章讲:"我有三宝,持而保之:一曰慈,二曰俭,三曰不敢为天下先。慈故能勇,俭故能广,不敢为天下先,故能成器长。"所谓"俭"即节俭、俭朴,就是劝导人们要爱惜精神,合理使用精力,使有限的精力用在关键的地方,这是老子强调的人生原则之一。老子自然无为的思想其实也是对自我精力的一种爱护,克服有为妄念对精神的消耗。反之人为地有过多追求,不仅消耗精力而且分散注意力,难以取得成功。老子讲的"俭",不是消极和保守,而是以俭为原则做到广博和通达,即"俭故能广"。其实老子讲的三宝也都有爱惜精神的意思:"慈",一个仁慈的人,不与人为敌,才会在自己专注的事情上勇敢;"不敢为天下先",避免无意义的竞争,才能积蓄力量,终成大器。

老子这一思想对于探索成才之道有着重要的现实意义。为避免精力浪费,应当尽早把专业或职业确定下来。有专业意识与无专业意识的一个显著区别,就是能够对要做的事情做出理智的选择,并明确其意义。在无专业意识的情况下,对成才的探索多是即兴的甚至是盲目的,所付出的努力对成才条件的积累意义不大。在有专业意识的情况下,我们可以围绕专业要求做好各方面的事情。随着专业意识的深化,我们也会发现越来越多的事情开始具有专业意义,从平时生活的小事,自身的习惯、修养,以至于参加的活动,交往的朋友似乎都在帮助自己走上成才之道,这或许就是老子说的"俭故能广"。再者是要主动适应不同阶段或不同条件下的学习规律。从中学生、大学生到研究生,大致可分为基础知识学习、专业知识学习、学术研究训练几个阶段,每一阶段学校在教学上都有特定的要求和重点。如果我们以基础知识学习的思维方式从事专业知识学习,或以接受知识的学习方式从事学术研究,都会感到费力和不适应。我们应根据自身的情况和特点,调整思维方式,以适应不同阶段的学习要求。

五、吾言甚易知,甚易行

在成才的探索过程中,虽然要经历苦其心志、劳其筋骨的过程,但有些困难甚至弯路是可以避免的。老子提出易知和易行的思想。《道德经》第七十章讲:"吾言甚易知,甚易行。天下莫能知,莫能行。言有宗、事有君。夫唯无知,是以不我知。知我者希,则我者贵。是以圣人被而褐怀玉。""道"本来是非常容易知道、非常容易施行的。这是老子思想的简易原则,是去掉人为妄加猜测的冷静状态,是自然无为思想的一个重要内容,即上文所讲的"为道日损"。简易原则包括知和行,我们在认知、聆听过程中往往有先入为主的主观臆断,难以准确、全面地认识客观事物;在行为当中常常受其他因素的干扰,难以达到理想的效果。例如,当我们听老师讲解完一道难题后反而觉得并没有想象中的困难,其实一定程度上是我们把未掌握的知识想得过于复杂了。

老子简易思想的启发意义,就知识的学习来讲,不仅要做到博,更要注重专。渊博的知识,可以开阔我们的视野,固然重要,但是一味宽泛地学习下去,就会像《庄子》说的那样:"吾生也有涯,而知也无涯,以有涯随无涯,殆矣。"以有限的时间应对无限的知识就会疲惫不堪。因此知识的选择和学习还有一个简单化的问题,其现实意义就是找到适合自身学习的专业知识。选择专业知识,有利益原则和兴趣原则。利益是现实的,但是只为利益作选择将会失去对知识的兴趣;为兴趣作选择,可能暂时失去利益,但如果是自己真正的爱好,那意味着将获得取之不尽、用之不竭的知识源泉。就行为来说,不仅要勇于探索,积累经验,更要注重职业化、专门化。也就是说行为的选择和锻炼也有一个简单化的问题,其现实意义就是找到适合自己从事的职业。在职业化的过程中,以专业知识为基础,在实践中不断积累条件,丰富经验,提高我们解决专业问题的能力。我们看到许多问题在职业人员那里,并不算什么问题,往往迎刃而解,这就是职业与业余的差别。我们不可能样样都达到职业人员水平,但应避免样样都是业余水平。

六、故常无欲,以观其妙

我们经常会发现这样的情形,面对同样的资源或条件,有的人会有很大的收获,不断地充实自己;而有的人就视而不见,没有什么大的收获。这是一个观察能力的问题。对此,老子有深刻的阐述,《道德经》第一章讲:"故常无欲,以观其妙。常有欲,以观其徼。"是说从"无"中去洞察、领悟事物的奥妙,从"有"中去观察、体会事物的端倪。"无"即是不带主观偏见地观察事物,"有"则是有预设的观念,以此看到的是事物的表面。这里的"有"不是一般的有,是道的运用。"无"和"有"同出于"道",而名称不同。二者之中老子更注重的是"故常无欲,以观其妙",这更能体现自然无为的原则。对此,《道德经》还讲到"至虚极,守静笃,万物并作,吾以观其复"(第十六章),"涤除玄览"(第十章)等,是以主观在虚、静状态下,排除各种干扰而达到的直观。

《道德经》这一思想对于成才之道的启发,是我们如何发现所从事专业的本质、特质以及如何客观评价自己所从事专业的价值。每一个成熟的专业都有特定的研究对象,相对于其他专业来说具有唯一性。如果总是带着其他专业的眼光,或干扰信息来看待本专业,就给专业入门带来很大困难。我们学习专业基础知识,也是一种观察能力的训练,为准确理解本专业的研究对象打下坚实的基础。但仅仅这样还不够,仍需在知识的运用中不断深刻理解、掌握所从事专业的本质和特质。这时,应当让已有的知识和信息成为思想库来启发我们,而不是遮蔽我们。所谓启发是说帮助我们直接观察到专业的本质和特质。当能够较熟练地在各种条件下都能对有关资源、信息进行辨别和判断时,那么专业眼光或者说专业意识也就基本培养起来了。值得说明的是,有专业眼光是一种客观的心态,并不是只强调自己的专业重要,认为可以解决超出自己研究领域的问题。如果那样就会又进入固执和偏见之中,自己蒙蔽了自己。有专业眼光会更尊重其他专业,学习其他专业,并展开密切的合作,共同服务于社会,贡献于社会,走上成才之道。

七、知不知,上

在探索成才的过程中,会出现成绩徘徊不前的情况,长时间停留在一个水平上,也没什么有效的方法改变这种现状。长期这样会感觉乏力,甚至迷惘。这实质是不知不觉固执在一个状态中了。如何打破僵局,《道德经》第七十一章讲:"知不知,上;不知知,病。"是说知道自己有不知道的,是明智的;不知道还自以为知道,就是缺点。对于不知道的,老子关心的不是要无所不知,而是去掉自以为知的固执。因为去掉这种固执就会获得新知,这才是关键所在。对于不知道的,如果自以为知道,就是缺点。这个缺点主要的还不是知识上的缺点,而是自以为知的固执,因为它会阻碍人获得新知。《道德经》第七十一章还讲:"圣人不病,以其病病,是以不病。"如果说理想中的圣人没有缺点,是因为圣人以缺点为缺点,所以才能克服缺点。老子自然无为的思想原则,在这里就是去掉自以为知的固执,而走向于、趋近于无为而无不为,不知而无不知。这种对待未知的明智和虚怀若谷的修养,可以为进步和成才培养巨大的潜力。

老子"知不知"的思想对于成才之道也具有很强的现实意义。就专业学习来说,我们应十分注意哪些知识是还没有掌握的,甚至是还没有发现的。这时虽然没有直接的收获,却使自己看到了自己的不足,明确了下一步学习的目的,思维开始活跃起来,视野变得开阔起来。如果能始终发现自身知识的不足,并去学习提高,那么就意味着不间断地进步,许多变化就不知不觉地在身边发生,专业学习就已经很投入了。做到这些,还需要经常向良师益友请教。良师益友就像是找到我们不足的明镜,真实地告诉我们哪里需要改进和提高。在与他们的学习、交流中会更快和更准确地发现自身的缺点,同时还得到指点,而这种收获是无法用价值来衡量的。良师益友往往就在我们身边,只要我们注意发现自己的不足,虚心向身边的人请教,就会得到他们的指点,会有意想不到的收获。因此成才既是走向成才的过程,也是善于发现身身缺点,弥补不足的过程。

八、合抱之木,生于毫末

当我们看到成功人士的卓越成绩时,可能会有一种难以超越的感觉。特别是对于自身条件并不突出而渴望成才的人来说,会产生望尘莫及的感慨,甚至心里就已经打了退堂鼓。其实卓越的成绩不是偶然来的,也不是一时的拼凑所能达到的,它有一个逐步积累、发展的过程。《道德经》第六十四章讲:"合抱之木,生于毫末;九层之台,起于累土;千里之行,始于足下。"以大树、高台、远行为例,说明事物从一点一滴的积累发展壮大的规律。毫末是说幼芽之小,却长成大树;累土是说泥土之低却筑成高台;足下是说步伐之近却远行千里。这里的毫末之类,也是"道"的比喻,是自然无为原则的一种运用,从毫末开始积累也就是要守道、用道。在做事的过程中,始终像开始的时候那样守住道,不固执就不会失败,不把持也就不会受到损失,做到善始善终。反之则不然,如果因为有为之心,追逐名利,就会偏离成功之道。对此,老子讲:"民之从事,常于几成而败之。慎终如始,则无败事。"特别是在快要成功的时候,不要只追求成功,也应像刚开始的时候那样去积累成功的条件,才不会失败。

老子这一思想对于成才之道的启发在于,如何积累成才、成功的条件。一是要明确积累什么。培养幼苗可以长成大树,那么积累专业或职业具有发展潜力的方面就会逐步取得优异的成绩。当然这也就需要首先对专业或职业的本质有深刻和准确的认识。二是从基础开始积累。高台之所以能够建成,是因为从稳固的基础开始积累。我们探索成才之道,应充分重视基础知识和基本经验。基础往往是在低处,是一简单的事物,那里虽然没有表面的强势或流行的热闹,却是扎实的根基。三是从实践中积累。走好脚下的路,千里的远行并不困难。在实践中运用专业知识,知识就会不断发挥作用,成功之日也能计日而待,并不遥远。而且在知识的运用中,我们会有许多新的发现,会提高自身的创新能力,甚至会重新诠释成功是什么。当然还要尊重、借鉴前人成果进行积累,如果能站在巨人的肩膀上积累成功的条件,在成才之道上就进入了加速发展的阶段。

九、善行无辙迹,善言无瑕谪

受教育者和施教者的相互作用和相互影响构成了成长、成才的基本环境。由于对成才的渴望,施教者在教育方式上容易倾向采取管理监督、代替受教育者制定目标、"填鸭式"灌输知识等强化手段,这给受教育者和施教者双方都带来诸多不良后果。

关于教育方式,《道德经》第二十七章讲:"善行无辙迹,善言无瑕谪,善计不用筹策,善闭无关楗而不可开,善结无绳约而不可解。"是说善于行事的人不露一点痕迹,善于言谈的人不会说错话。同样的道理,老子又举出后面的事例说明很少采用有为的手段,却能达到很好的效果。这是老子自然无为思想在教化方式上的一种应用,即不强硬作为,把教化过程置于不知不觉之中。所谓"善行无辙迹",一方面是指施教者施行无为的教化,受教者没有被强硬管理,就教化方式来说也就没有留下痕迹。另一方面又是说,施教者没有代替受教育者去行为,教化过程启动了受教育者的能动性,自然也就没有留下痕迹。老子的教化思想非常尊重受教化者的自主意识,这是关键之处。老子不赞成以强硬的规范进行约束性教育,而是要尊重教化对象的自主意识和教化过程的客观规律,以"无辙迹""无瑕谪""不用筹策"等无为方式,顺应教育者的本性,顺其自然。通过无为的教化方式充分发挥受教育者的主观能动作用,引导他们自己去反思和体悟,根据自身的具体条件选择成长的道路,从而把道德观念、行为规范以及知识的掌握内化为自觉行为,这样受教育者才能逐步达到自我提高、自我完善。

老子无为教化方式具有重要的现实意义。施教者无需过多地灌输知识,应当发挥受教育者的积极性和能动性来完成知识的传授。一是培养受教育者的兴趣去学习知识。如果学习的兴趣培养起来了,学习知识成为一种乐趣,那么就感觉不到教育的痕迹,即所谓"善行无辙迹"。二是启发受教育者的思维去获取知识。在接近知识的临界点上,施教者应避免过于作为,把获取知识的快乐留给受教育者,这也是一种"善行无辙迹"。三是引导受教育者在实践中运用知识。知识的真正运用是服务于社会,如何把知识与社会需要联结起来,需要施教者的科学引导,至于运用知识走上成才之路,更多的是鼓励受教育者自己去探索,从中获得成功的喜悦,这也是一种"善行无辙迹",更是一种默默无闻的奉献。

十、曲则全,枉则直

追求智力和知识的完善,无疑是探索成才之道的基本目标。但是由于过分强调目标,在施教过程中,受教育者的弱点、不足之处往往成为施教者的批评对象,也使受教育者的信心受挫,对于成才产生不利影响。这一问题的产生,在于不善于把握由弱而强的转化关系。

对此,《道德经》第二十二章讲:"曲则全,枉则直,洼则盈,敝则新,少则得。"是说委曲会转变成完整,弯曲会转变成笔直,低洼会转变成盈满,陈旧会转变成新颖,少取会转变成多得。善于把握事物的各种转化关系,正是自然无为的一个重要表现,即不固执、拘泥于落后的现状,反而发现走向完善的线索和条件。在施教过程中,善于把握这种转化关系,可以把受教育者的不足之处转变成其克服困难、走向成功的条件。受教者发现了委曲,也就知道了完整的含义;看到了弯曲自然就会加以纠正;会利用低洼也就会获得盈满;认识到弊病也就知道如何创新;会运用少数也就会有多得。实现这种转化需要施教者采取柔和、包容的方式来把握这种教化的效果。这也是老子教化思想的一个显著特点,就是施教者并不是高高在上,总是刚强、强势,以己为是,以人为非,而是守住柔弱的一面,谆谆教导,甚至也不刻意说什么,不强人所难,而是顺势利导,让受教者自立、自新、自强。

老子所讲把握转化关系的教育方式,其现实意义在于,施教者对受教者在专业学习过程中出现的差错,不能简单地加以否定,应当引导受教者,从错误和失败中找到教训,以至于发现走向成功、成才的线索。一是发现知识的缺陷,由此提高对专业基础知识的全面掌握,对知识的缺陷认识得越深刻,对知识的全面性也就认识得越深刻。二是找到知识的错误之处,特别是错误的集中之处,这是施教的重点,也是受教者关注的焦点。三是对错误之处,举一反三收获更多的知识,施教过程不仅仅是纠正错误,更要善于抓住错误启发受教者扩展知识,而不是抓住错误打击其信心和兴趣。总之,把失败的教训转变成走向成功之道的一笔财富,即人们常说的失败是成功之母。

十一、虚其心,实其腹

现代社会知识更新加快,竞争也日趋激烈。为了在竞争中脱颖而出,施教者往往采用多种方式将受教者的心理空间填满,以致绷紧,强化其竞争意识,力争在有关领域里成为强者。这种做强者的心态,易导致以己为是,以人为非,包容能力较弱。由于过分关注是否能成为强者,还会出现心理压力大、心情浮躁等问题,也不利于知识的融会贯通,使发展空间受到限制。

关于教化的方法,《道德经》第三章讲:"圣人之治,虚其心,实其腹,弱其志,强其骨。"是说在教化过程中要使人的心态谦虚而身体壮实,意志柔和而筋骨强健。谦虚、柔和是自然无为的一种修养、涵养,即不固执于自己的主观臆断,善于听取别人的意见,借鉴他人的经验。这种修养使人始终保持一种虚静的状态,是一种有助于吸收知识和资源的状态。《道德经》讲"为学日益,为道日损",所要逐渐损失的是主观的固执,达到的也就是这种谦虚的修养,以此会有助于"为学日益",获得更多的知识。相反自满、刚强反而是一种排斥知识和资源的状态。如果施教者能通过自身的修养再培养出受教者这种良好的修养,受教者就会随时随地补充自身的知识,提高自身的能力,这要比一时往内心空间强行添加许多知识和观念更有益于受教者的成才。教化的主要成功之处是把良好的素质培养起来,使其获得自我提高的能力,通过自身良好的修养和素质,逐步走上成才之道。

老子所讲这种教化方法,对于知识传授的启发意义是:施教者应当对知识加以界定,为受教者开辟内心空间,使其具有更大的知识吸收能力。具体来说,一是划定知识学习的范围,已知范围越明确,未知领域也就越明确,使受教者克服自满心理,以开放的心态面对未知领域。二是客观衡量受教者知识水平,使受教者认识到自身已达到的水平和与他人的差距,以及自身提高的潜力。三是正确评价知识的价值,使受教者认识到所学知识的使用范围是有限的,因而会产生合作意识,与相关领域展开积极的合作,把合作意识培养起来。这样知识的学习越深入,心态反而越谦虚,可以发展的领域越开阔,成才的潜力也越大。

十二、功成事遂,百姓皆谓我自然

在施教过程中,施教者传授的专业知识,由于未使受教者有认同感,受教者只是出于应付,并不能坚持,时间或短或长,最终还是放弃所学专业知识。受教者即使在竞争和各种压力条件下会取得一些成绩,但是总把它当成自己的对立面,是为了某种回报不得已而进行的付出,并没有看成是完善自我、成就自我的宝贵资源。

让受教者与所学知识和施教过程融为一体,才具有实质性的施教效果。关于教化的效果,《道德经》第十七章讲:"太上,下知有之。其次,亲之誉之。其次,畏之。其次,侮之。信不足焉,有不信焉。犹兮其贵言。功成事遂,百姓皆谓我自然。"主要是说,最高明的统治者,民众只是知道他,当教化成功后,老百姓都说我们本来就是这个样子的。受教者没有感到被统治、教化,也没有被外在事物所压迫,而是找到了自己的自然状态。就统治者来说是因为无为而治,按照民众的本性施行教化,教化的内容被民众真正地接收,使教化内容在民众身上具有稳定性,也就能不失信于民,民众与统治者是一种稳定的诚信关系。相反,随着教化内容的功利性、强制性增强,民众对施教者的态度就有称赞、畏惧,甚至污辱。这种尊重受教者自然本性的教化方式,对于培养人才的启发意义在于,受教者克服以自我为中心的施教方法,以客观的心态,发现受教者的思维特点和兴趣所在。找到兴趣、培养兴趣,教化的双方才能进行真正的沟通和知识的传授,才能建立诚信、稳定的关系。若忽视受教者的特点,只顾传授知识,所传授的知识难以让受教者接受并自觉纳入自身成才的过程之中,也难以启发受教者的主动性和积极性。

老子所讲的这种教化效果,对于知识传授的现实意义在于要因材施教,特别是注意通过兴趣渠道施教。应当把知识看作受教者思维和兴趣的延伸,不是让知识与受教者相对立,外在于受教者的成长过程。因此杰出的施教者不仅深刻地掌握知识,而且准确地掌握知识与思维、兴趣的关系。若能对知识参照受教者的思维特点进行分类、分析,将会激活知识。针对受教者的具体情况,这种分类是非常灵活的,不拘一格。例如依据受教者的思维特点,大体可以分为三类:记忆类知识、应用类知识、研究类知识。同一知识可以对受教者采用不同的方式进行启发引导,使其思维活跃起来,融入到学习过程中去,等到知识掌握了,对其会有一种似曾相识的感觉。这种施教过程施教者与受教者建立的就是一种信任、朋友的关系。

十三、天道无亲,常与善人

在成才的探索过程中总感觉缺少机遇,运气不好,不免有怨天尤人的现象。或者看似机遇来了,却把握不住,失之交臂。加之每个人的主客观条件是不同的,一般认为条件好的机遇就多,不努力也会有许多机会,条件差的机遇就少,再下功夫也无大用处。

如何看待机遇,《道德经》第七十九章讲"天道无亲,常与善人",是说天道是无私的,常常与德性纯厚、自然无为的人在一起。天是指大自然,是一个整体概念,天道可看作是根本性的机遇,带有客观规律性的机遇。诚然,一般的机遇会因为个体的差异而有差别。但是带有规律性、根本性的机遇则要看个体自身的努力了。那么,天道为什么和德性纯厚、自然无为的人在一起?因为无为之人以无为的心态冷静和理智地认识自己、了解自己,自我认识比较准确。正确地了解了自己的思维特点和兴趣爱好,也就知道了哪个专业最适合自己。对于认识自我来说,每个人都有独特的优秀品质,如能找到与自己的品质最相适合的专业,就是最大的机遇。因为在最适合自己的专业里,思维与知识达到和谐的统一,有利于把握带有规律性、根本性的机遇。其实机遇首先来源于自我认识是否客观、准确。若从功利原则出发,找到的最好结果是最功利的事务,不是最适合自己的专业。从认识自我出发,找到的是最适合自己的专业,不是最功利的,却是最有价值的。

在最适合自己的专业里,机遇良多,前景广阔。就专业学习而言,由于思维与知识的结构比较合理,可以不费力却又非常清楚地了解和掌握专业发展的方向,发现机遇,把握机遇。我们身边这样的例子不少,有的求学者虽然智力条件和资源条件很好,但在选专业上没下功夫,目标模糊,反而缺乏后劲。有的求学者虽然智力条件一般,但在认识自我、选择专业上下了功夫,却会逐渐赶上,脱颖而出。就专业研究和运用而言,对专业投入的求学者思维就非常活跃,知识的运用非常自如,在面对新的研究领域时,知识会很快转化为把握机遇的能力。相反,专业学习不投入就会只专注于死板的教条,等着机遇的到来。这都表现出求学者越能融入知识,机遇就多。看似偶然的机遇,其实又是必然的,是与求学者的思维方式与专业知识的默契程度有很大关系。

十四、其安易持,其未兆易谋

学海无涯,面对堆积如山的书籍和庞大的知识体系,我们常有望洋兴叹的感慨。虽然说"书山有路勤为径",但这还不能完全解决问题。尤其是当我们学习、研究的方向涉及多个相关知识领域时,知识受到限制这一问题就更加突出。

如何更高效地掌握知识,并运用到解决实际问题当中,或者更宽泛地说,如何从思想方法上更好地解决难题和复杂问题?《道德经》第六十四章讲:"其安易持,其未兆易谋,其脆易破,其微易散。"是说稳定时容易维持,没有征兆时容易谋划,脆弱时容易破除,轻微时容易涣散。以此说明事物由简单而复杂是一个变化发展的过程,在非常稳定还没有变化时容易进行掌握和计划。对于知识的运用来说,就是指掌握和运用基本知识,从这里可以更有效地把握知识的变化。基本知识是复杂知识的不变、简单和原始状态,需要我们以清静无为的心态来进行观察、发现和深刻地理解。我们在上文曾探讨以此发现知识的资源,在这里则是进一步探讨掌握和运用知识资源。我们应克服知识复杂化带来的心理干扰,以简单、无为的心态,专注于掌握基本知识,以此作为运用知识的前提和根本路径。若心理状态被知识的复杂形式所干扰,则注意力就会流于表面,不得不应对复杂且多变的难题。

老子"其安易持"的思想对于掌握和运用知识资源有着重要的启发意义。我们应注重基础知识的融会贯通。首先基础知识具有稳定性,以稳定的部分作为知识根基,才能使基础扎实,具有较强的应对变化的能力。这种稳定性,使基础知识在知识体系中是资源最为丰富、信息量最大的部分,可以说基础知识运用得好意味着知识资源的使用效率就高。再者,基础知识是复杂知识的原始状态,每一学科领域知识的发展都是一个历史的演变过程,在不同的时期有着不同的表现形式和时代特征。若能追根溯源,从源头上了解学科的发展,将有助于真正掌握知识变化的根本规律。再者,基础知识是简单的知识,基础知识的这一简单特性为我们提示了掌握和运用知识所应遵循的基本方法。我们在知识日新月异的发展中,更加需要回味基础知识的简单特性,这种简单原则不仅使知识容易掌握和融会贯通,而且具有强大的创造力和生命力。

十五、同于道者,道亦乐得之

在竞争激烈的社会环境中,成才往往被片面地理解为在竞争中获胜,把彼此看成是对手。如果说在比赛中胜利属于少数人,需要在竞争中获胜。成才则不然,成才是对于自身的完善和提高,需要的是合作意识。我们长期形成的竞争意识导致不太注意寻求合作,在优势互补中取得双赢,或者虽然希望寻求合作却不知从何处着手。

《道德经》第二十三章讲:"同于道者,道亦乐得之;同于德者,德亦乐得之。"是说符合道的人,道也乐于得到他;符合德的人,德也乐于得到他。相同的一面是促成合作的基础。同于道者是思想修养符合自然无为的人,比喻修养相近的人易于成为合作者。那么对于成才之道来说,则是理想相符合的人易于成为合作者。反之,理想不同甚至理想还不明确是难以达成合作的。因此,寻求合作的前提是要明确自己的理想,稳定自己的理想。就现实机遇和条件来说,每个人的情况不同甚至差别很大,但是只要努力的目标相同,就会走到一起。从长远来看,确定自己的理想是无价之宝,是取得良好合作的基础。也就是说要有优秀的合作者首先要注重自身的理想培养,是否真正有理想。这一理想是与自身的思维方式、性格特征相一致的,是真正爱好产生的理想,不是外在压力和利益驱动等有为之心产生的短期目标。在此基础上,我们寻求合作者,自然就关注那些有相同理想的合作者,而且是真正的理想相同的合作者。从合作方这一面说,由于我们这种明确、诚信、稳定的素质,才更易于达成合作。

老子这一思想对于探索成才之道有着重要的现实意义。我们应注意自己专业与其他专业、领域的相通之处。这种专业知识与相关领域贯通的能力越强,合作的前景也就越广阔。为此我们在学习中应注意"专"与"博"相统一,以专业知识为主,同时对相关领域也要兼顾。特别是注意本专业与相关专业的联系,而不是孤立地只从事本专业的学习和研究。在本专业与相关专业的关系中,研究对象是打通专业隔阂的关键。我们往往已经习惯于用本专业的眼光观察研究对象,而忽视换一种专业眼光来观察研究对象。应当开阔眼界,培养多维视角,在比较分析中找到不同专业的相通之处。这种求同存异的观察能力有助于培养合作意识,建立合作关系。

十六、安其居,乐其俗

个人素质的提高是成才的根本条件,但是受功利思想的影响,成才有时被误解为收获成绩、取得成就,因此走入不关心他人、不关注社会的心理误区。虽然在一段时期内,个人成绩可能进步很快,但由于不重视将知识回报于社会,不能融入集体和团队,造成了思想狭隘,成才上升空间受到限制。

个人的成才与社会的发展应当相辅相成,《道德经》第八十章讲:"甘其食,美其服,安其居,乐其俗。"是说要让民众吃得很好、穿得很美、居住得很安定、生活得很快乐。老子讲的道虽然很高深,但是理想很朴实,就是让人们安居乐业,有一个美好舒适的生活。在《道德经》中,这种自然状态的社会风俗是圣人无为而治的施政效果,即当政者与民众之间,国与国之间融洽相处。老子对于个体修养和治国之道讲了许多道理,这一章则是对实行这些道理带有结论性的论述。对于探索成才之道来说,既要努力提高自身素质,也要关注社会的大环境。这需要个体自然无为的修养,不能因追求个人的功利而强行作为。更需要个体不能过分强调自己,要克服一己之利、固执己见造成的狭隘思想。在此基础上,我们应当注意培养自己的集体意识和社会意识,把个体与集体、社会看作一个整体,把个人的成长与社会的发展结合起来。

因此,我们不能仅仅面对知识和知识带来的成就,还应把知识与社会的发展结合起来。一是关注社会需求。知识的产生来源于人们认识自身和环境的需要。我们掌握的专业知识和进行的研究,其发展动力根源在于适应了社会的某一基本需求。我们在学习专业知识的时候不能忘记这一根本动力。应当把研究知识的动力植根于社会的需求,为我们的学习和研究增添力量。二是反省社会责任。专业知识本身不具有伦理道德问题,但是人在运用知识的时候则有道德修养的问题,我们应当用知识促进人的健康发展和社会进步。三是为社会做贡献。当我们的专业知识服务于社会,使人受益,这不仅成就了别人,也成就了自己,这才是专业知识的真正价值,就探索成才之道来说,这才是真正意义上的成才。

第二章 《论语》与成才之道

第一节 经典释名——孔子和《论语》

孔子(公元前551—前479年)是春秋晚期思想家、教育家,儒家创始人。孔子名丘,字仲尼,鲁国陬邑(今山东曲阜)人。孔子的先祖乃宋国贵族、殷王室后裔。其早年丧父,家境衰落,幼年生活极为贫困。他在少年时并没有受过正式的君子(贵族)教育,但学无常师,好学不厌,最终博雅多通,学识渊深。50岁时任鲁国司寇,摄行相事。后因权贵所反,辞官率学生周游列国长达18年之久,其间怀抱期望,积极推广礼乐,希望通过政治实践完成"仁道"的政治理想,然终不见用。晚年致力于典籍整理和教育事业,传弟子有3000人,著名者72人。

现存《论语》为后人对孔子及其弟子言行的集录,论(音lún),意为"论纂","语"是古代的一种文体名,其内容一般是对人谈论或者应答并且陈述己见,区别于无一定对象的直陈己见的"言"。其章节简短,一言一事各自起讫,前后不相属,罕有长篇议论,然而言简意深,耐人回味。这部活生生的经典寓孔子对天道、人道的思想观念于师生间生动活泼的互动问答之间,并对后世深深影响甚至主导着中华文化,它所代表的儒家学说成为传统学术思想的主流,在时代的转变、朝代的兴替中显现出超时空的永恒价值。

《论语》在汉代有三种不同的本子,即《鲁论》《齐论》《古论》。后经东汉郑玄整理各本而成今本,共20篇,被东汉官府列为"七经"之一。今本《论语》的传世注本很多,其要者有:《论语注疏》为三国魏何晏集解,宋邢昺疏,后收入《十三经注疏》中,经清人阮元刊刻后流布甚广;《论语义疏》是南朝梁皇侃撰,成书于梁代,大约在唐代初年流传到日本,此书在国内亡佚后,乾隆年间传回我国,《四库全书》收了这本书,六朝时期的其他《论语注疏》基本上都亡佚了,而这本书里保持了不少,这就显得弥足珍贵;《论语集注》是南宋硕儒朱熹集注,该本精于义理,对后世影响极大;清人刘宝楠、刘恭冕父子共著的《论语正义》荟萃汉代至清刘台拱《论语骈枝》的研究成果,于典章、训诂和名物均有发明;《论语集释》是清末民初程树德集释,此书校勘详细,博采诸家,以汉学为体,以宋学为参,并融汇儒佛;《论语疏证》是近人杨树达疏证,作者博览群书,涉猎广泛,以经证经,以史证经,很多观点和看法新颖独到,发前人所未发,见前人所未见;《论语译注》是今人杨伯峻译注,注释准确、译注平实著称,是当代最好的《论语》读本之一。此外,孙钦善的《论语本解》和李零的《丧家狗:我读论语》也都是比较好的注本。出土文献有敦煌本、吐鲁番本可参考,另有1973年在河北省出土的定州汉墓《论语》残简亦值得重视。

《论语》体现的核心思想是孔子所提倡的"仁",即"忠恕",《里仁》讲道:"夫子之道,忠恕而已矣。"朱子《集注》:"尽己之谓忠,推己之谓恕。"前者是指尽心为人,后者是说推己及人。"仁"是符合等级制度的言行规范,又是维护家长制的精神支柱,是品德素养恭、宽、信、敏、惠的总称。在儒家的道德思想体系中,"仁"是最基本的,也是最重要的德行,上至圣人、君子,下到普通百姓,都不能离开仁这种最基本的修养。在《论语》中,孔子与弟子的言谈更是将"仁"的属性、实践方式及实现层次逐一说明,从家庭中最基本的孝悌开始践行,推及社会的礼、义、忠、恕之道,以达到"君子"的道德修养层次,并推己及人,达到内圣外王的终极目标。

然而,"仁"并非孔子认为的最高境界,"圣"才是最高境界,即要做到"博施于民而能济众"（《雍也》）和"修己以安百姓"（《宪问》）。但是，要达到圣的境界，除了需要具备"仁"这种修养之外，还需要"智"。被后世奉为儒商之祖的子贡尤其以"仁且智"形容"夫子之圣"，可见这二者是夫子所以为"圣人"的两个重要的德行。

在政治上，《论语》体现了孔子的主张"正名"，认为"君君、臣臣、父父、子子"（《颜渊》），都应名实相符，以巩固等级名分和社会秩序。《子路》篇讲道："名不正，则言不顺；言不顺，则事不成。"礼制最大的特色，是以义为本质，要求整个制度系统合理。因此，它不是单向的权威，而是双向或者多向的和谐。这种诉求的达成，必须依照礼来各尽其分，即君应该做君应为之事，臣亦然，循其名分而善尽齐职责，达到政治上的正当与和睦，从而实现"达人"——为人民求福祉。

其次，他提倡德治教化，反对苛政。孔子认为，正确的处理政事的方法是"尊五美（惠而不费、劳而不怨、欲而不贪、泰而不骄、威而不猛），屏四恶（不教而杀、不戒视成、慢令致期、出纳之吝）"，这实质是建立两个阶层的道德大厦，用道德和礼制来规定治人者和百姓何者可为与何者不可为的准绳，在双方修养、层次共同提高的基础上，实现良性的政治成果。

教育思想上，孔子注重"学"与"思"的结合，提出"学而不思则罔，思而不学则殆"（《为政》）和"温故知新"（《为政》）；希望教学活动中，学生可以举一反三；重视因材施教。孔子的一些教学思想，对今人来说，仍然具有积极的意义。

第二节 成才之道——《论语》中人才的标准

《论语》一书集中体现了孔子的政治、哲学、管理和教育思想，而孔子又是伟大的教育实践者。因此，关于对不同层次和不同维度的人才的定义，和对如何通过实际的教育行为培养人才，孔子有着深邃并且精辟的见解。《论语》对人才理想人格的界定，大致体现在对以下几类人的臧否中：臧者如圣人、仁人、贤人、君子、士、善人、智人、成人、大人、正人等；其对立的则有野人、中人、下人、佞人、斗筲之人等。孔子对子产、蘧伯玉、南宫适和子贱等人极为欣赏，对这些人的人格认同，大致向我们展示了孔子对具体的人才特征的理解。归纳概括之，我们可以看到，《论语》中的人才，有以下五大标准。

一、自强不息、不断内省、见贤思齐、笃行实践

孔子一生都在笃行实践仁道，为了完成他的事业，他强调"即知即行"和"知行合一"，通过"学而时习之"不断提升自己，乐见"有朋自远方来"的切磋砥砺的外部条件，以达到不断提升自己的目的——无论是知识技能、道德修养和其他方面的诸多素质皆是如此。即便遇到"人不知"，也要多从自身找原因，深刻剖析自己，择善而从，不善则改，使自己不断强大。《周易·乾·象传》说："天行健，君子以自强不息。"对于自己犯的错误，要敢于面对，勇于改正，做到"不贰过"，即便错了，只要能改正，也能得到众人的认可。"过也，人皆见之；更也，人皆仰之。"因此，人只有真诚面对自己和外部世界，真正做到谦恭和不断反省，通过自我本身和道德意志的不断对话，方能逐步得到成才、成功的素质。

典故一

锥刺股

说秦王书十上而说不行。黑貂之裘敝，黄金百斤尽，资用乏绝，去秦而归。羸縢履蹻，负书担橐，形容枯槁，面目犁黑，状有愧色。归至家，妻不下纴，嫂不为炊，父母不与言。

苏秦喟然叹曰："妻不以我为夫，嫂不以我为叔，父母不以我为子,是皆秦之罪也!"

乃夜发书,陈箧数十,得《太公阴符》之谋,伏而诵之,简练以为揣摩。读书欲睡,引锥自刺其股,血流至足。曰:"安有说人主不能出其金玉锦绣、取卿相之尊者乎?"期年,揣摩成,曰:"此真可以说当世之君矣!"

——《战国策·秦策一》

解读:这则"锥刺股"的故事在中国可谓家喻户晓。苏秦在游说秦王失败后,无论在精神投入还是物质预算方面都严重超支,面对家人的冷漠,他品尝到了人情世态的苦涩。一方面,他把失败的原因归结为秦国的不纳,另一方面也确实认识到了自己的能力还有欠缺。此时的秦国,成了他为自己树立的一个最合适的假想敌,而在心中,他一定还有更为远大的成功目标。通过不懈努力,在漫漫成功路上不断提升自己的素质,苏秦最终在战国政治的舞台上获得了光彩夺目的成功。《论语·季氏》中记载着孔子"君子有九思",这九思是"视思明,听思聪,色思温,貌思恭,言思忠,事思敬,疑思问,忿思难,见得思义",孔子他老人家让我们思考什么呢? 看要看得明确,不可以有丝毫模糊。听要听得清楚,不能够含混。脸色要温和,不可以显得严厉难看。容貌要谦虚恭敬有礼,不可以骄傲、轻忽他人。言语要忠厚诚恳,没有虚假。做事要认真负责,不可以懈怠懒惰。有疑惑要想办法求教,不可以得过且过,混过日子。生气的时候要想到后果灾难,不可以意气用事。遇见可以取得的利益时,要想想是不是合乎义理。晋傅玄《傅子·仁论》说:"君子内省其身。"不断自我反省是古人秉持的一种(成为)社会精英的素养,也是他们认可的成才、成功的一种表现,不断自省,方能有大格局、大事业。

二、坚定目标、学以致道、重视原则、恶居下流、不重物质生活、不为生活所限

在孔子看来，对伟大的事业有追求的人，必须具有坚定的目标（重孝悌之本、忠信之实、礼义之真），只有深刻明白自己想做什么，才能向着既定目标前进，而不受"小节"和暂时的物质条件所限。因此，我们看到他在针对理想目标提出的对"君子"的各种要求：食无求饱、居无求安、君子不器、无终食之间违仁、坦荡荡、泰而不骄、怀德怀刑、义之与比、君子固穷、谋道不谋食，等等。现试举一例。

典故二

樊逊书壁

樊逊，字孝谦，河东北猗氏人也。祖琰、父衡，并无官宦，而衡性至孝，丧父，负土成坟，植柏方数十亩，朝夕号墓。逊少好学。其兄仲以造毡为业，亦常优饶之。逊自责曰："为人弟，独爱安逸，可不愧于心乎！"欲同勤事业。母冯氏谓曰："汝欲谨小行耶？"逊感母言，遂专心典籍，恒书壁作"见贤思齐"四字以自劝。河清初，为主书，参典诏策。天统元年，加员外郎。

——《北史·樊逊传》

解读：《史记》说："天下熙熙，皆为利来；天下攘攘，皆为利往。"面对物质财富，一般人很难不被诱惑。但在事业面前，眼前的小利往往会成为影响达成目标的负面因素。樊逊起初面对读书与实业，也曾犹豫过。樊母的反问，帮他坚定了自己的意志，经过不断努力，后来也达成了参与国家治理的宏伟政治理想。

三、胸怀宽广、勇于担当

《论语·雍也》说:"子谓子夏曰:'女为君子儒,无为小人儒'。"孔子告诫弟子要成为君子型大儒,不要做只做琐碎些微之事的小人型陋儒。在《泰伯》章中,曾子也告诫弟子,承担辅佐幼主的重担,担任治理国家大事的重任,面临国家生死攸关的关节点不改变人格修养,才是君子。用现代的观点看,能建立大的功勋的前提是拥有大胸怀、大眼界、大气魄,再佐以大智慧和大坚韧,方能有大成功。大胸怀、大眼界往往是其事业定位的第一步,如果这一点发生偏差,可能就会差之千里。

典故三

投笔从戎

班超字仲升,扶风平陵人,徐令彪之少子也。为人有大志,不修细节。然内孝谨,居家常执勤苦,不耻劳辱。有口辩,而涉猎书传。永平五年,兄固被召诣校书郎,超与母随至洛阳。家贫,常为官佣书以供养。久劳苦,尝辍业投笔叹曰:"大丈夫无它志略,犹当效傅介子、张骞立功异域,以取封侯,安能久事笔研间乎?"左右皆笑之。超曰:"小子安知壮士志哉!"其后行诣相者,曰:"祭酒,布衣诸生耳,而当封侯万里之外。"超问其状。相者指曰:"生燕颔虎颈,飞而食肉,此万里侯相也。"久之,显宗问固"卿弟安在",固对"为官写书,受直以养老母"。帝乃除超为兰台令史,后坐事免官。

十六年,奉车都尉窦固出击匈奴,以超为假司马,将兵别击伊吾,战于蒲类海,多斩首虏而还。固以为能,遣与从事郭恂俱使西域。……

超在西域三十一岁。十四年八月至洛阳,拜为射声校尉。超素有匈胁疾,既至,病遂加。帝遣中黄门问疾,赐医药。其年九月卒,年七十一。朝廷悯惜焉,使者吊祭,赠赗甚厚。

——《后汉书·班超列传》

解读:班超之所以发出立功封侯的强烈呼声,一方面是为长期从事辛劳的琐碎的也未能改变生活条件的工作所迫,另一方面他确实是一个"有大志,不修细节"的典型。他明白,"笔砚"之事对他来说确实是很难达到建立大功业的目的。在准确定位之后,他选择了另外一种实现自身价值的方式,并通过这条路不懈努力,最终完成了人生理想,在成才之路上为我们树立了一个真实的榜样。

在这里需要区分小事与细节,孔子并非否认细节的重要意义。成为"君子儒",笃信一个有大才能的人,不应当为琐事所困,让自己的才华最大化发挥。在当今产业化的社会条件下,我们也能听到关于"把简单的事情做到极致便是成功"的事业信仰,我们固然不必排斥这种观念,但对于一个有着更高定位的人,在一个理想的位置上完成最辉煌的事业,岂不是实现自己人生理想的更佳方式?

四、善行修德

《论语》中对君子的个人修养提了很多标准。在孔子看来,一个有志于仁道的人,即要实现事业成功,无论在自己寒微之时还是显达之后,都应该笃信、秉持这样一些信仰:修己以敬,君子德风,君子尚德,仕行其义,义以为上,合于礼笃于亲,信而后劳,不施其亲,君子之四道,尊五美屏四恶,君子居九夷、礼乐以俟君子,天将以夫子为木铎,先行后言,敏行讷言,言行笃实,不以言取人,尊贤容众,文质彬彬,博文约礼,动容色,正颜色,出辞气,仁者不忧,知者不惑,勇者不惧,可逝不可陷,可欺不可罔,圣人不得而见,义以为质,礼以行之,孙以出之,信以成之,君子有九思……今先举一例:

典故四
三缄其口

孔子之周,观于太庙。右陛之前,有金人焉,三缄其口,而铭其背曰:"古之慎言人也,戒之哉! 戒之哉! 无多言,多言多败;无多事,多事多患。安乐必戒,无行所悔。勿谓何伤,其祸将长;勿谓何害,其祸将大;勿谓何残,其祸将然;勿谓莫闻,天妖伺人;荧荧不灭,炎炎奈何;涓涓不壅,将成江河;绵绵不绝,将成网罗;青青不伐,将寻斧柯;诚不能慎之,祸之根也;曰是何伤? 祸之门也。强梁者不得其死,好胜者必遇其敌;盗怨主人,民害其贵。君子知天下之不可盖也,故后之下之,使人慕之;执雌持下,莫能与之争者。人皆趋彼,我独守此;众人惑惑,我独不从;内藏我知,不与人论技;我虽尊高,人莫害我。夫江河长百谷者,以其卑下也;天道无亲,常与善人;戒之哉! 戒之哉!"

孔子顾谓弟子曰:"记之,此言虽鄙,而中事情。《诗》曰:'战战兢兢,如临深渊,如履薄冰。'行身如此,岂以口遇祸哉!"

——刘向《说苑·敬慎》

解读:常言道,祸从口出。孔子往周观礼,进入太祖后稷之庙,庙堂台阶之前,有金人(青铜铸的神像),三缄其口(谓口被封了三层,寓意闭口不言),并在金人的背面刻有"古之慎言人也"的字样。孔子叹道:"戒之哉,无多言,多言多败;无多事,多事多患。"又说:"如能谨慎,幸福之根,而口是祸乱之门。"孔子他老人家之所以也这样谨慎,大概是因为他生活的那个乱世也时时刻刻在其耳边敲响警钟。所谓"言者无心,听者有意",我们不确信的是,一句简单的抱怨,在经过编码——传播——解码这样一个再也平常不过的流程之后,会被别人当做怎样的工具。在这方面,老子倒跟他有近乎一致的见解:多言数穷。话是不能随便说的,话说多了肯定会有失言的时候,因此要做到当说话时就说,不该说时永远也不说。

这其实是一种把握各种条件和度的智慧。在现代社会,我们一方面要抓住一切机会推销自己,一方面又要准确地把握哪些该说哪些不该说,做到进退有节。说话谨慎,才能不至于把话说绝,才能给自己留一些余地。说话要说得滴水不漏,恰到好处,但也不能谨慎到不说话。

和讷言一样,敏行也是一个提升自己的良策,敏行自然是要反应迅捷、多做实事。这同样是适应现代社会生活的黄金法则,少说多做,绝对是真理。

五、进退有度、智慧处事

儒家是强调深入社会实践的学派,社会实践中最大的学问是人际关系的学问。人与人长久地互利共存,有很多具体的要求,孔子他老人家给我们提出的要求有:谦和而无所争、和而不同、不以绀緅饰、戒色斗得、畏天命大人圣人之言、君子九思、和睦谦让、矜而不争、群而不党、周急不济富、下学上达、爱人以学道、以友辅仁、成人之美、不亲不善人、恶不真实相待以及回避如称人之恶、居下流而讪上、勇而无礼、果敢而窒等行为。现在以"君子周急不济富",简要分析我们为何只可以雪中送炭,不可以锦上添花的处世智慧。

典故五
君子周急不济富

子华使于齐,冉子为其母请粟。子曰:"与之釜。"请益。曰:
"与之庾。"冉子与之粟五秉。子曰:"赤之适齐也,乘肥马,衣轻
裘。吾闻之也:君子周急不济富。"

——《论语·雍也》

解读:这段话的大意是,公西华被派到齐国做使者,冉有替他
母亲向孔子请求补助些小米,孔子批示说,给他六斗四升。冉有
请求增加。孔子说,再给他二斗四升。冉有却给了他八十石。孔
子说,公西赤到齐国去,坐着由肥马所驾之车,穿着轻暖的皮袍。
我听说,君子只是雪中送炭,不去锦上添花。

这件事发生的时间是孔子任鲁国大司寇的时候。公西华因
公到齐国,自然有公费报销,其出行的排场也让我们可以推知其
家境殷实。作为礼仪性的慰问,冉有给公西华母亲的粮食超过了
正常标准。孔子对这件事的态度是,做事既要满足事理,又要符
合情理。

符合情理,其实就是要把握正确的度,这是体现待人接物的人
生智慧的关键。中国人做事讲求名分,在适当的环境中,善用适当
的物质作为媒介建立恰到好处的人际关系是古往今来人们追求的
一个处事标准。其间点滴的误差可能会带来一些不必要的麻烦,但
如果能做到位,则能体现当事人的处事智慧。这一点,对积累有
效的人脉和为成功之路进行铺垫,有着不容忽视的重要价值。

六、善于谋略,做好人生的长远规划
《礼记·中庸》说:"凡事预则立,不预则废。"这就提示我们,
做事情之前要做好事先的规划工作。而这个规划,则必须建立在

有一定的谋略的基础上。《论语·卫灵公》记载孔子的话说:"人无远虑,必有近忧。"孔子告诉我们,如果不能着眼于长远的利益,则一定会吃眼前亏。我们的眼光要放长远,要顾全大局,不能只顾眼前利益。一个国家要有远景规划,一个单位要有长期的发展目标,我们个人也要做好长远的职业规划。设想如果两个同样优秀的人在同一个职位上,一个善于对自己的职业前景作出谋划,一个不做谋划,不出几年,这两个人之间肯定会拉出很大的差距。

《论语·述而》中有这样一段记载:子谓颜渊曰:"用之则行,舍之则藏,唯我与尔有是夫!"子路曰:"子行三军,则谁与?"子曰:"暴虎冯河,死而无悔者,吾不与也。必也临事而惧,好谋而成者也。"

当孔子的学生子路问起孔子,如果执掌三军,做国家的最高军事指挥官的时候,希望跟什么样的人打交道。孔子就回答说,他不希望与不乘战车与老虎搏斗、徒步渡河,连死都不害怕的人打交道。他希望跟遇事谨慎处理,经过谋划才成功的人打交道。孔子的意思很明显,那样有勇无谋的人或许能赢得一次战役,但那是靠幸运或者强力,幸运不可能每次都降临在同一个人的身上。他们的危险的做法,会给整个国家及其民众带去不可估量的损失。

古代有很多善于谋略而取得成功的例子,也有很多不善于谋略而失败甚至亡国的例子。大家熟知的项羽、刘邦楚汉之争就是典型的例子。现举此例:

典故六

垓下之围

项王军壁垓下,兵少食尽,汉军及诸侯兵围之数重。夜闻汉军四面皆楚歌,项王乃大惊曰:"汉皆已得楚乎?是何楚人之多也!"项王则夜起,饮帐中。有美人名虞,常幸从;骏马名骓,常骑之。于是项王乃悲歌慷慨,自为诗曰:"力拔山兮气盖世,时不利兮骓不逝。骓不逝兮可奈何,虞兮虞兮奈若何!"歌数阕,美人和之。项王泣数行下,左右皆泣,莫能仰视。

于是项王乃上马骑,麾下壮士骑从者八百余人,直夜溃围南出,驰走。平明,汉军乃觉之,令骑将灌婴以五千骑追之。项王渡淮,骑能属者百余人耳。项王至阴陵,迷失道,问一田父,田父绐曰"左"。左,乃陷大泽中。以故汉追及之。项王乃复引兵而东,至东城,乃有二十八骑。汉骑追者数千人。项王自度不得脱。谓其骑曰:"吾起兵至今八岁矣,身七十余战,所当者破,所击者服,未尝败北,遂霸有天下。然今卒困于此,此天之亡我,非战之罪也。今日固决死,愿为诸君快战,必三胜之,为诸君溃围,斩将,刈旗,令诸君知天亡我,非战之罪也。"乃分其骑以为四队,四向。汉军围之数重。项王谓其骑曰:"吾为公取彼一将。"令四面骑驰下,期山东为三处。于是项王大呼驰下,汉军皆披靡,遂斩汉一将。是时,赤泉侯为骑将,追项王,项王瞋目而叱之,赤泉侯人马俱惊,辟易数里,与其骑会为三处。汉军不知项王所在,乃分军为三,复围之。项王乃驰,复斩汉一都尉,杀数十百人,复聚其骑,亡其两骑耳。乃谓其骑曰:"何如?"骑皆伏曰:"如大王言。"

于是项王乃欲东渡乌江。乌江亭长舣船待,谓项王曰:"江东虽小,地方千里,众数十万人,亦足王也。愿大王急渡。今独臣有船,汉军至,无以渡。"项王笑曰:"天之亡我,我何渡为!且籍与江东子弟八千人渡江而西,今无一人还,纵江东父兄怜而王我,我何面目见之?纵彼不言,籍独不愧于心乎?"乃谓亭长曰:"吾知公长者。吾骑此马五岁,所当无敌,尝一日行千里,不忍杀之,以赐公。"乃令骑皆下马步行,持短兵接战。独籍所杀汉军数百人。项王身亦被十余创。顾见汉骑司马吕马童,曰:"若非吾故人乎?"马童面之,指王翳曰:"此项王也。"项王乃曰:"吾闻汉购我头千金,邑万户,吾为若德。"乃自刎而死。王翳取其头,余骑相蹂践争项王,相杀者数十人。

——《史记·项羽本纪》

解读:西楚霸王项羽勇武非常,军事才干超强。且看《史记·项羽本纪》中的记载,项羽被刘邦的汉军层层包围在垓下的时候,项羽身边只剩下 28 个骑兵。"项王大呼驰下,汉军皆披靡,遂斩汉一将""项王瞋目而叱之,赤泉侯人马俱惊,辟易数里""项王乃驰,复斩汉一都尉,杀数十百人",在乌江边,项羽下马,仍一人"所杀汉军数百人",而项羽自己身上只有十来处创伤。这是何等勇武! 可惜他不善于用人,不善于谋略,曾经号令诸侯、不可一世的西楚霸王项羽,最后因垓下之围而落得个乌江自刎的下场。

假如当年在鸿门宴上,项羽能听从谋士亚父范增的意见,杀了刘邦,事情的结果绝对不会是这样。当然,历史不存在"假如",不能去假设,可是它会给我们后人以参照和思考。《论语·公冶长》说"季文子三思而后行",任何事,三思而后,得到一种相对理性的认识,然后再去实施,肯定会事半功倍的。我们今天要想成就自己,使自己在工作岗位上发挥更大的优势,那就需要理性地去谋划好自己的事业,经营好自己的人生。

第三节 成才有道——来自《论语》的教诲

《论语》是中华文明的另一块宝。《论语》以对话的方式阐述了人之为人的重要道理,这些重要道理几千年来均被奉为中国人成长、成才的圭臬,遵循这些教诲并努力践行之是最终成才、有所作为的不二法门。

一、正面、积极、进取

对于为人处世,孔子一向是以正面而积极的态度去面对。孔子并非不知道事物的正反,但因为他正面积极的务实态度,因此能在现实社会及现实事务中面对。《论语·述而》说:"子不语怪、力、乱、神。"意思是,孔子不谈论跟怪异、勇力、叛乱和鬼神有关的事情。儒家向来坚持培养社会精英,儒家所认同的社会精英,在从事修身齐家治国平天下的政治实践之前,首先须有端正的、积极的不断进取的态度。

在《礼记·大学》中,有这样一段话:"古之欲明明德于天下者先治其国,欲治其国者先齐其家,欲齐其家者先修其身,欲修其身者先正其心,欲正其心者先诚其意,欲诚其意者先致其知。致知在格物,物格而后知至,知至而后意诚,意诚而后心正,心正而后身修,身修而后家齐,家齐而后国治,国治而后天下平。"

正心,就是要除去各种不安的情绪,不为暂时的客观条件所蔽,保持心灵的安静。意不自欺,则心之本体,物不能动,而无不正。心得其正,则公正诚明,不涉感情,无所偏倚。这一点的现实意义已经被西方的成功学所证实。著名的"拿破仑·希尔基本理论"的创始人,美国拿破仑·希尔以及美国作家奥格·曼狄诺特别强调成功最重要的因素就是要有积极的心态:"成功态度最重要,有积极的态度就有积极的人生。"客观环境固然很重要,但它决定一个人暂时的成败,但如果一个人有积极的心态,激发高昂的情绪,克服抑郁、消除紧张就能凝聚成功的行动力量,从而实现人生的进步及事业的成功。

《论语·宪问》曰:"子路宿于石门。晨门曰:'奚自?'子路曰:'自孔氏。'曰:'是知其不可而为之者与?'"孔子始终坚持"知其不可而为之"的理念,在他生活的时代就昭昭于天下。因为有一颗无比强大的让天下能够太平、人民能够安和乐利的政治事业心,所以他能不断进取,百折不挠。时至今日也是如此。不屈与坚韧的进取之心能创造生命的华丽篇章,能显示生命的蓬勃与无惧,它是一种积极的心理状态,这种状态是对现状的准确认知和了解,它能激发欲望和不服输的精神,进而催生完成崇高使命和创造伟大成就的动力。

二、下学上达

孔子对他所生活的社会环境和政治环境有着非常清晰的认识,面对现实环境的黑暗面,通过不断反思,他看到了解决问题的途径——学习。每个人只要肯学,都可以通过"下学上达"的方式踏实进取,努力实践,真实地面对自己、对待他人和各种外部环境,就可以达成理想人格,这样就获得成才的一个最重要的素质。

《论语·宪问》:"子曰:不怨天,不尤人,下学而上达。"即便是条件不好,也不要怨恨天,不要埋怨别人,学习一些平常的知识,却可以透彻地知晓高深的道理。儒家对人如何面对周遭环境极为重视,儒家懂得一个希望自己有所作为的人在社会环境中应当如何处世作为。《红楼梦》第五回《游幻境指迷十二钗 饮仙醪曲演红楼梦》有这样一副对联"世事洞明皆学问,人情练达即文章",它是作者对王熙凤之处世特点的精确概括。明白世事,掌握其规律就是学问;恰当地处理事物,懂得道理,再总结出来的经验就是一篇好文章。学问、文章即"立言",这是传统知识分子智慧财富的最佳实现方式和最高体现形式,把洞明世事和人情练达与之置于同样高的地位,我们看到了古人对这种学习形式和学习效果的推崇。因此,能够深刻洞悉人情物理从而做到练达,毋庸置疑是知识分子知行合一的最实际的目标。

三、终身学习、学无常师、学而时习之

这三者都是不断提升自我的原则和要求,能够自强,能够比

别人强,无外乎学习。《论语·为政》:"子曰:'吾十五有志于学,三十而立,四十不惑,五十而知天命,六十耳顺,七十从心所欲,不逾矩。'"对于孔子而言,他在不同的时期对学习之后看世界有了不同的认识,其出发点是自身,其成效印证了儒家对个体提高的要求;进入现代视野之后,我们须明白,我们不但有个体提高的要求,也有应对不断涌现新知的现代社会生活诉求。只有好学,才是终身进步之保险,也就是常青不老之保证。

学无常师是学习者放低自己之后的一种学习的状态。《论语·子张》说:"卫公孙朝问于子贡曰:'仲尼焉学?'子贡曰:'文武之道,未坠于地,在人。贤者识其大者,不贤者识其小者,莫不有文武之道焉。夫子焉不学,而亦何常师之有?"意思是说,卫国的公孙朝问子贡,你老师孔仲尼的学问是从哪里学来的?子贡回答说,周文王、武王的道,并没有失传,而是散落在民间。贤能的人便能抓住重点,不贤能的人只能抓住细枝末节。没有地方没有文王、武王之道。我的老师何处不学?又为什么要有一定的老师呢?

韩愈说:"(是故)无贵无贱,无长无少,道之所存,师之所存也。"抽象来看,老师是"道"的载体,善于学习的人,有一双慧眼识道,也能认识到"道之所存"。而"闻道有先后,术业有专攻",则是具体到对方法、技术的学习和学养的提升的一个原则。限于时间、条件,人不可能做到样样精通,向别的方面不如自己但某一方面强于自己的人学习,是获取所需技能的最明智和最节省成本的选择。韩愈的时代是这样,今天更加如此。因此,保持谦恭的态度对人对己,承认自己的弱点,看到他人的长处,"以能问于不能,以多问于寡",是一个人变得成熟而理性的重要标志。

学无常师是在实际操作的过程中需要注意的一个重要的方面,就是选择对的老师。这种选择能力,往往成为做这件事的关键。《论语·述而》说:"子曰:'三人行,必有我师焉'。择其善者而从之,其不善者而改之。"孔子的时代和现代社会有很大的不同,但在善于选择方面却是一致的。当前的信息传播方式已经让我们不得不改变获取知识的法则,不断学习的态度固然重要,但学习重要的知识,知道从何处学习到可靠的知识更为重要。

为学之人要想取得大的成就,就必须不断学习、反复学习,方能在某个领域或者某个技能方面取得成绩。最近,网上流行一则与学习有关的"一万小时定律",大致是说一个人的技能要达到大师级水平,工作时间必须超过1万小时——任何行业都不能例外。如莫扎特6岁作曲,到20岁才创作世界级作品;甲壳虫乐队1964年风靡全球前已演出1200场;微软创始人比尔·盖茨1968年接触计算机,创业前已编程7年。在成为精英的路途上,必然伴随艰辛的学习、练习、实践等。《学记》:"时教必有正业,退息必有居学。"能够保证充分学习,并且做到"用心一也",方能有所成就。《尚书》曰:"敬孙务时敏,厥修乃来。"只有专心致志、谦逊恭敬,时时刻刻敏捷地求学,在学业上的"修为"就自然来到了。

四、在言行举止上贵乎动容貌、正颜色、出辞气

《论语·泰伯》:"曾子有疾,孟敬子问之。曾子言曰:'鸟之将死,其鸣也哀;人之将死,其言也善。君子所贵乎道者三:动容貌,斯远暴慢矣;正颜色,斯近信矣;出辞气,斯远鄙倍矣。笾豆之事,则有司存。'"

曾子在临死前郑重其事地对孟敬子说,君子所看重的道有三方面:合礼的行为举止可以避免粗暴和放肆,容貌脸色端庄可以让人信服,说话得体语气得宜可以避免别人鄙陋和不合理;而琐碎的礼仪和器物之事,有专门的人负责,不需要亲力亲为。这是儒家的人生之道和处世之道,对于个人的道德修养与和谐的人际关系有重要的借鉴价值。逐条来看,这三方面可以这样理解:

第一点:"动容貌,斯远暴慢矣。"这是从人的仪态、风度来提

的要求。通过学习和提高修养来慢慢改变自己，和孔子曾谈过"色难"相互印证。温文尔雅的气质需要后天学习修养逐渐形成。粗暴傲慢看不起别人的毛病是天生的。傲慢的态度是人对自己和他人定位的失误所致，对自己的分量看得过重，不清楚自己的真正优势和劣势，盲目自信以获取虚荣，往往会让自己在人际交往中失去有利地位。经过学问修养的熏陶，让我们能够更为客观地看清自己的SWOT(优势、劣势、机会、威胁)，粗暴傲慢的气息，自然会化为谦和、安详的气质，诸多不利因素，也可能就会转化为有利因素。

第二点："正颜色，斯近信矣。"颜色就是神情，这是对第一点的具体化。仪态包括了举手投足、行走坐卧、洒扫进退，是一切动作所表现的气质；颜色则是对待他人的态度。俗话说，相由心生。在不同的态度下，同样是答复别人的问话，可能会千差万别。或态度诚恳、端庄大方；或面带笑容、和蔼可亲；或横眉冷对、生冷脆倔；或目光呆滞、神情木然……"正颜色，斯近信矣"要求语气和悦，态度真诚。要做到这点，就必须加强内心的修养，拓宽眼界，多见世面，跟修养好的人打交道，用别人的高雅气质感染自己，内外兼修，方能有所提高。

第三点："出辞气，斯远鄙倍矣。"谈吐体现一个人的理论、知识、艺术、思想、情商、胆识等方面的水平，通常是一个人综合能力与素质的体现。"鄙倍"是指说话粗野、庸俗。《论语·先进》说："夫人不言，言必有中。"这是学问修养的自然流露，如果能做到这一步，自然就获得了一张无价的名片，就奠定了成功大厦的一块坚实的基石。

孟敬子问的是管理国家政治的大问题，但曾子回答的是如何做人修养的道理，教育他注重做人，从内心基本的道德修养做起。学问好，道德高尚，个人综合素质提高了，不论从政还是经商，都能够得心应手。

五、博文约礼

在《论语》中，"博文约礼"一共出现了两次:《雍也》中"君子博学于文,约之以礼,亦可以弗畔矣夫"及《子罕》中颜子赞叹孔子:"夫子循循然善诱人,博我以文,约我以礼。"广求学问,恪守礼法,只要博学包括典章礼法在内的人文知识做一个博雅多通的谦谦君子,并能落实到自己当前的实践中,就可以不背离大道了。而颜回的切身体会便是,孔子确实做到了这方面的表率,能让自己的学生感受到求知和笃行是一种让人欲罢不能的美事。

礼是做人做事的规矩,是孔子在继承前贤的伦理智慧的基础上,加入自己社会实践心得的社会秩序要则。孔子强调学生守礼,最后达到"非礼勿视、非礼勿听、非礼勿言、非礼勿动"的境界。行为既须合乎秩序,那就需要约束。孔子认可的约束力量,就来自礼。通过礼的约束,实现精一的做事状态,在社会实践上就能行之有效,最终达到"从心所欲而不逾矩"的处事境界。明归有光《君子尊德性而道问学》曰:"孔之教曰,博文约礼,精以归一,义以全礼,博以致约,千圣相传之秘,其在兹乎!"

儒学是主张投身于社会生活,注重实际、经世致用之学。文是指学习的内容,儒家诸经在不同的时期范围不同,然总原则是做圣贤之事,求圣贤之道。通俗来理解,文可以理解为书本学问,而礼就是社会知识,前者要求洞明学问,后者的目的是人情练达。孔子的目的不是培养书呆子,一个未能完成基本社会化的读书人,想要参加社会生活,势必会四处碰壁。对于今人而言,能够知晓人情物理,懂得并灵活运用每个时代的运转法则,而不是迂腐教条地生搬硬套各种不合时宜的法则或者孤傲自闭,才能游刃有余地融入社会。

"博学"与"约礼"是同一事物的两个方面,二者密不可分,并非先博文,再约礼。二者齐头并进,正相成,非相矫。王闿运《〈八代文粹〉序》中说:"共学适道,既洗于昏蒙;博文约礼,讵穷于钻仰也?"

六、因材施教

"因材施教"是孔子的一大创举,也是其最重要的教学思想之一。这个概念和对其理论的解释是后儒们完成的。第一个讲"因材施教"的是北宋人程颐。他在《二程集》中说:"孔子教人,各因其材,有以政事入者,有以言语入者,有以德行入者。"后世学者对这个概念的阐发也很多,比如南宋朱熹作《四书集注》时,进一步阐明孔子因材施教的意义。《论语·先进》提到孔子教学有四科——德行、言语、政事、文学。对此,朱熹注曰:"孔子教人各因其材,于此可见。"《孟子·尽心上》说:"有成德者,有达财者。"对此,朱熹注曰:"财,与材同。此各因其所长而教之者也。成德,如孔子之于冉、闵;达材,如孔子之于由、赐。"《孟子·尽心上》还说:"此五者君子之所以教也。"朱熹对此注曰:"圣贤施教,各因其材,小以成小,大以成大,无弃人也。"

孔子的"因材施教",是对个体差异性的认同和个性的尊重。《论语》中体现的"因材施教",主要有两方面,一是根据聪明愚钝的类别进行分别教育;二是根据个人才智分别教育。我们今天谈得比较多的,是第二种。不过二者的共同点,是建立在施教者"知人"的前提下的。好的老师如果能了解并且掌握学生的才智,根据学生的不同特点和学习进程的本身特性,进行与之适应的教育方式和教育内容,势必能将资源进行最优化配置,从而达到最佳教育效果。

七、循循善诱

颜回在《论语·子罕》中说:"夫子循循然善诱人,博我以文,约我以礼。"循循善诱,是说善于有步骤地引导、教育人。古人很早就认识到,在教育过程中要尊重科学精神,遵守学习的客观规律。《礼记·学记》:"禁于未发之谓豫,当其可之谓时,不陵节而施之谓孙,相观而善之谓摩。此四者,教之所由兴也。"这是说,最上乘的教育方法是:在学生的错误没有发生时就加以防止,叫做预防;在适当的时机进行教育,叫做及时;不超越受教育者的才能和年龄特征而进行教育,叫做合乎顺序;互相取长补短,叫做相互研讨。做到这四点,是教学成功的重要原因。因此,恰到好处的教导方法对人才的培养至关重要。

《论语·述而》说:"不愤不启,不悱不发,举一隅不以三隅反,则不复也。"这也体现了他循循善诱的教育思想,意思是,不到学生应明白而依然没有明白的时候,是不会去启发他的;不到学生想说出来,却又说不出来的时候,是不会去开导他的。教导学生一部分的知识,他却不能反推出其他三方面的知识,也就不再教他新的东西。总之,最优教育方法不是一成不变的,就是所谓教无定法。勇于尝试,勇于创新,在新的环境下试图用的新的方式解决传统方法不能解决的问题,才是循循善诱的核心精神。

八、为政之首在于名正、名正之后方能言顺,方能治国

讲求名正言顺,是一种做事的智慧原则。《论语·子路》:"子路曰:'卫君待子而为政,子将奚先?'子曰:'必也正名乎!'子路曰:'有是哉,子之迂也!奚其正?'子曰:'野哉由也!君子于其所不知,盖阙如也。名不正则言不顺,言不顺则事不成,事不成则礼乐不兴,礼乐不兴则刑罚不中,刑罚不中则民无所措手足。故君子名之必可言也,言之必可行也。君子于其言,无所苟而已矣。'"

孔子在受命之后,第一件事情就是要处理卫国的名分问题。名是指对外的措辞是否恰当,在现代视野下,它是沟通的一部分。从小处讲,它决定着个人、组织对外形象包装的质量;往大了说,这决定着能否建立一个正确的、有说服力的话语体系。措辞是否

恰当影响着工作的质量,进而影响着一个组织的制度建设——特别是奖惩体系。而欠妥的制度,会让被领导者手足无措。

这个概念拓展开来,有着较大的张力。我们可以从两方面理解其意义。

一是师出有名。古往今来,不论是政治改革还是讨逆伐虏,均重视舆论,即讲究师出有名。《左传》记载,春秋时代参与战争的一方要将对方的罪名总结公布方采取实际行动,后世比如在《三国演义》《水浒传》这类受众极为广泛的通俗小说中,一方欲讨伐另一方,也必定要作一篇檄文,以示对方所犯的罪行和己方行为的正义性,从而为自己"师出有名"造势,以影响舆论,制造气氛,为自己的行为寻找合理性的依据。这是极富有中国人做事逻辑特点的行事方式,这种思路深入我们的文化骨髓。当然,在控诉对方罪行的时候,有的的确所言有据,而有的则是处心积虑、深文周纳之后的包装。现代著名的营销方式"事件营销",就是通过造势来运作的,是古人智慧的绝佳实践典范。

二是"不在其位不谋其政",这句话出自《论语·宪问》,不在其位,意味着权利的归属问题还没有解决,在这样的状态之下盲目做事,可能会出现很多不妥的后果。曾子承孔子衣钵,提出"君子思不出其位"(《论语·宪问》)的观点,意思还是君子不要越俎代庖,做自己职责以外的事情。《礼记·中庸》说,"君子素其位而行,不愿乎其外"(第十四章),意思是,君子应该依照自己平素的地位而行事。

而先秦诸子中流行的"百人逐兔"的故事,则是法家对名分的认知。其原文是:"一兔走,百人逐之,非以兔可分以为百也,由名分之未定也。夫卖兔者满市,而盗不敢取,由名分已定也。"(商鞅的《商君书·定分》和慎到的《慎子》均有收录)翻译过来就是,一只野兔子在跑,百多人在追逐,都打算自己占有它。这些人为什么会打算自己一个人去占有这个兔子呢?这不是因为兔子能分成百多份平均分给每一个人,而是因为这只兔子是没有名分的无主之物。比如在市场上就算有很多卖兔子的人,但是就连那些强盗都不敢明目张胆地去抢取这些兔子,这是因为那些被卖的兔子是有名分的有主之物。这是法家对名分的阐释,他们更注重通过强化名分来严格约束被管理者。儒法二家虽然略有差异,但都强调用名分来维持社会的和谐和稳定,这对一个组织的管理者而言,也是值得借鉴的。

九、有一定地位之后,要注意教化工作

杜甫有诗曰:"功盖三分国,名成八阵图。江流石不转,遗恨失吞吴。"这是对诸葛孔明运筹帷幄之中决胜千里之外的雄才大略和一生功绩的高度概括,但同时也表达了他对诸葛亮事业没有继承人惨淡结局的同情惋惜。《论语·子罕》:"子欲居九夷。或曰:'陋,如之何?'子曰:'君子居之,何陋之有?'"孔子认为,即便是一个条件非常差的环境,只要懂得经营之道,广布教化,用心培养接班人,其境况一定会好转起来。

杰克·韦尔奇说:"花十年的工夫培养一个合格经理的时间不算长。"一个组织、企业的接班人的培养是一个漫长的"十年磨一剑"的过程,必须高瞻远瞩,提前筹划,做好计划。而在位者须明白,个人的成功和一份事业的成就休戚相关,自己的才华是推动一份事业的动力,而能有源源不断的新生力量更是事业长青的根本保证。被誉为"当代毕昇"的王选院士除了以发明"汉字激光照排系统"名世,其广纳贤才的美名也赢得了世人的称赞。《论语·先进》说:"求也为之,比及三年,可使足民。如其礼乐,以俟君子。"改善一个地方的物质生活条件也许是三年五载的事情,而让一个地方的礼乐变得昌明,则是一份具有挑战性的工作。所谓礼乐以俟君子,用今天的思路来理解,则是"把机会留给年轻人",而王选之所以当得起伯乐这个名号的原因,是他除了把机会留给了"君

子"外,还做到了:1."使年轻人具有创造历史的主人翁感、成就感和荣誉感";2."创造平等和谐的环境";3."提供优良的工作和生活条件"。当我们回头再看孔子时,也更能体会他老人家在一个百废待举的时代面对新力量时表现出的诚意:"仪封人请见。曰:君子之至于斯也,吾未尝不得见也。从者见之。出曰:二三子,何患于丧乎? 天下之无道也久矣,天将以夫子为木铎。"(《论语·八佾(yì)》)这就是我们仰之弥高的与"一沐三捉发,一饭三吐哺"相辉映的惜才精神!

十、修己以敬

《论语·宪问》:子路问君子。子曰:"修己以敬。"曰:"如斯而已乎?"曰:"修己以安人。"曰:"如斯而已乎?"曰:"修己以安百姓。修己以安百姓,尧舜其犹病诸?"这段话是说,子路问什么叫君子,孔子说:"修养自己,保持严肃恭敬的态度。"子路又问:"这样就够了吗?"孔子回答说:"修养自己,使周围的人们安乐。"子路追问:"这样就够了吗?"孔子回答说:"修养自己,使所有百姓都安乐。修养自己使所有百姓都安乐,尧舜还怕难于做到呢?"这一段明确体现了孔子对君子,也就是人才的标准的认识。孔子所认同的君子,是在素质、修养和参与政治实践能力方面俱佳的人选,否则不可能仅凭一人之力而安乐天下之人。他认为,修养自己是君子立身处世和管理政事的关键所在,只有这样做,才可以使上层人物和老百姓都得到安乐,所以孔子的修身,更重要的在于治国平天下。因此,保持严肃恭敬的态度,是拥有崇高事业理想和从我做起从小事做起的魄力的完美统一。使上层人物和老百姓都得到安乐,在现代视野中,可以理解在公司或者组织中,通过自己修养的提升来得到上司和周围人的认同。要得到这种认同,首先要有对待事业的信仰和担当,在这种朴素的情怀中提升自我,进而出色地推进自己的事业,进而达到各方都满意的境界。

十一、信而后劳其民

《论语·子张》说："子夏曰：'君子信而后劳其民；未信，则以为厉己也。信而后谏；未信，则以为谤己也。'"钱穆先生解释道："言事上使下，皆必诚意交孚而后可以有成。然亦有虽不信，不容不谏，如箕子比干是也。亦有虽不信，不容不劳之，如子产为政，民欲杀之是也。子夏此章，举其常而言之。"对今天做事的人来讲，和自己打交道的人建立信任，毫无疑问是事业开始的第一步。我们通常把需要建立信任的对象按层次分为三种：上行、平行、下行。孔子首先提到的是下行，即得到下属的信任，这是建立团队的重中之重。我不信任的上级要我做什么事，会觉得他另有企图，想整我害我，做起事来自然会出现各种抵触情绪，会大大影响效率进程；而对我信任的上级，我却可以言听计从，心情舒畅地去完成任务，苦点累点也心甘情愿。同样，上级如果不信任我，那我提什么意见、建议，他都会认为我在找他麻烦。关于取得领导信任，中国人在这方面有着悠久的历史传统和深厚的文化背景，无论是理论还是策略都可谓汗牛充栋，是每个中国人穷其一生要学习的基本技能。而对于平行同事，处于这种横向关系中的人，既没有奖的手段，也没有惩的权限。彼此共事，没有应该和必须，只有互相帮助，设身处地为他人着想，建设良好的工作伙伴关系，多栽花，少种刺，才能建立最基本的信任关系。

十二、尊五美

《论语·尧曰》："子张曰：'何谓五美?'子曰：'君子惠而不费，劳而不怨，欲而不贪，泰而不骄，威而不猛。'"我们逐条来看这"五美"。其一，惠而不费，给别人好的利益，对自己没有牺牲损害。在自己的能力范围内，在不滥用公权力的前提下，在不牺牲自己的利益的保证下，整合各种条件顺势给他人提供帮助或者好处,是"顺水推舟"的最高境界,它包含着顶级的处事智慧和行事技巧。其二,"劳而不怨"是说,选择对的人做对的事,即便辛劳,也不会招来怨恨。这里对君子的要求是,能够审时度势,在合适的条件下让适合的人去做事情,双方便都能愉快地达到自己的目的,又何乐而不为? 其三,"欲而不贪"指人有一定欲望是可以的。一方面不可过分贪求,对度的把握做到不偏不倚,也就是儒家的中庸;另一方面,得到自己分内所欲之物,也是不能叫做贪的。人的欲望与生俱来,这点孔子看得非常透彻。我们后世在理解孔子或者整个儒家对道德标准的态度的时候,或失于矫枉过正,以为儒家对待一切欲望皆视之为洪水猛兽,认为儒家欣赏的是脱离人性的崇高道德楷模,这反而脱离了对人这种特殊的动物的最本真的认识。能够准确明了自己的真实需求,在事业的推进过程中得到自己应得的东西,毫无疑问是一件美好惬意的事情。其四,"泰而不骄"是说心胸宽大不骄傲。这个要求的对象是事业已经有一些起色的人,特别是刚从草根到成功的转换期,不少人可能会被眼前的些许成功冲昏了头脑,从而丢掉了本来的谦和与安定,表现出倨傲怠慢的态度。虚荣之心,人皆有之,这是正常的,但也是幼稚的。人非圣贤,能够最大程度远离这些弊病,势必会给奋斗中的人们更好的状态,去迎接更出色的表现。这样的心胸和素养,方是成才之路上更为坚实的脚印。其五,"威而不猛"是针对个人修养而言,指有威德,但并不使人恐惧。不恃才自傲,不盛气凌人,不欺上压下,用一种亲和力和周围的人打成一片,是中庸处事的绝好例证,这种度的把握是人才的个人修养在社会实践中逐渐养成的结果,只有阅历能给领导人"威而不猛"的气场,这种儒雅的风度,毫无疑问可以所向披靡,征服一切被领导者。

十三、屏四恶

《论语·尧曰》:"子张曰:'何谓四恶?'子曰:'不教而杀谓之

虐,不戒视成谓之暴,慢令致期谓之贼,犹之与人也,出纳之吝谓之有司。'"这段话翻译过来是,事先不予以教化,不告知行为的规则,待事后犯了事先未告知的规则时,按事先未告知的规则进行处罚,是虐;事先不加申诫突然要成绩,叫做暴;一开始懈怠,突然限定期限叫做贼;同样是给人财物,出手吝啬,叫小家子气。不教而杀、不戒视成和慢令致期,作为"四恶"中的前三者,其实质都是自己的工作没有做到位而导致。在现代视野下,领导者自身没有以合作的态度面对被领导者,或者没有传达明确的规范,没有建立明确的规范,或者未能在项目推进中掌控合适的进程,所导致的一切问题,应该由领导者自身来承担"虐""暴""贼"之责任。不能以合作和有效推进事业项目进程的态度去做事情所导致的损失,是所有成本中最不应该出现的成本。如果态度没有问题,只是因为能力的欠缺而表现出这些问题,那就应该引以为戒,学习具体的方法,将成才、成功的路径最短化。

第三章 《金刚经》与成才之道

第一节 经典释名——释迦牟尼和《金刚经》

在佛教典籍三藏十二部经当中,属于般若部的《金刚经》无疑是对我国千百年来的文化生活影响甚为深远,而且地位甚为突出的一部。这部经典篇幅适中,义理严明,集中体现了佛学解释人生烦恼,证入无上胜境的思维成果。有果必有报,令当年惠能一闻便悟,从而开创中国禅宗的也正是处处闪耀智慧与光芒的《金刚经》。

综观全书可知,《金刚经》记录了释迦牟尼与十大弟子之一须菩提之间的对话,这种传授形式及其成书方式与我国儒学孔仲尼讲学以及《论语》结集的情形如出一辙。也就是说,《金刚经》的实际作者是释迦牟尼,真名叫乔达摩·悉达多。他是古印度的一位王子,出生于约公元前565年,自幼受到过很好的文化教育,遍学60种婆罗门圣典,又兼习骑射、摔跤等诸般武艺。少年时见世人之苦难便已开始独自反省人生意义,随后虽遵父王之命娶妻生子,却不安于现实的富贵奢华。于是决意离家出宫,遍参山林,持之以恒地修行却苦于未果,忽一日天色将晓,在菩提树下,跏趺端坐之际无意间睹明星而彻悟人生真谛。遂后世人尊称为释迦牟尼佛,意即释迦族至高的圣人(牟尼)、觉者和智者(佛)。

在成佛之后,释迦牟尼不仅于坐禅中圆满自觉纯净无忧的极乐境界,而且以大慈大悲之胸怀面向世间说法传道,普度众生。随着教义的深入人心,佛陀周围聚集了1250位受戒僧人,其中最负盛名的十大弟子有:摩诃迦叶、须菩提、阿尼律陀、富楼那、迦旃延、优婆离、舍利弗、目犍连、罗睺罗和阿难陀。《金刚经》即依据佛祖与号称"解空第一"的须菩提的现场言论记录而成,由号称"多闻第一"的阿难(陀)按佛祖的提示,如诸多经录本一样冠以"如是我闻"的起首句(众经卷首"如是我闻"一语为阿难尊者结集经藏时所加,指示经本内容直接亲闻于佛陀。也有认为表坚定信受之义,经中所论源自佛陀或佛弟子等人)。

在佛陀灭度之后的四五百年间,对以往经典言论进行校勘、整理的结集活动主要有四五次;而释教也经历了从原始佛教到部派佛教的发展变化,并由小乘佛教占据主导地位。公元1世纪之后,印度佛教的重心开始转向大乘佛教,同时中国也正在接触和兴起这一有着相似哲学品质的东方文化。随着文化传播与交流的深入,东汉、三国直至西晋已陆续出现了来自印度和西域的佛经翻译家,如安息国的安世高,月支国的支娄迦谶,二人形成了安译和支译两大系统,其中安译属于小乘佛教,时称"禅学";支译属于大乘佛教,称为"般若义"。之后还有中天竺的昙柯迦罗、康僧会、月支后裔竺法护等。到了东晋,著名的两位翻译家是原籍天竺的鸠摩罗什与佛陀跋陀罗,二人都曾来到长安,常在一起共研佛经,而尤以罗什为世称誉。这里的《金刚经》不仅首次由罗什在公元402年译介过来,全名称作《金刚般若波罗蜜经》,而且也是当今所知6个汉语译本中流传最广、最受青睐的一种。整整300年间出现的其他5个译本分别为:元魏时期菩提流支法师译本和南朝陈代真谛法师译本,此二种经名与罗什相同。还有隋代达摩笈多法师译本,名为《金刚能断般若波罗蜜经》;唐代玄奘法师译本,名为《能断金刚般若波罗蜜多经》以及唐义净法师译本,名为

《佛说能断金刚般若波罗蜜多经》。

从经名来看，"金刚"即指如金刚石一般的至为坚硬、锐利、通透、光明的本性。由于佛门说法的指归在于心，因而金刚实际上也就是对人的内心和自性的锤炼意欲达到对外无坚不摧、自身无限强大、心性无比通明的最高境界。"般若"一词是音译，读作"波惹"，简单地讲就是智慧的意思，不过与日常所谓在知识、思想上的聪明才智截然不同，而是指能驾驭并超越一切事理认知的大智慧，基于这种大智慧才能真正实现"波罗蜜"即"到达彼岸"的目标。由此可知，"金刚"实已简洁易晓地涵盖了"般若"与"波罗蜜"两层意思，故后世将此经省称为《金刚经》。

《金刚经》自移译之始就引起了高度关注，历代为之注疏、阐释者竟达数百家，颇具代表性的有：后秦僧肇《金刚经注》，东晋慧远《金刚般若波罗蜜经疏》，隋代吉藏《金刚般若疏》、智顗《金刚般若波罗蜜疏》，唐代慧净《金刚经注疏》、智俨《金刚般若波罗蜜经疏》、惠能《金刚般若波罗蜜经解义》，明代宗泐《金刚般若波罗蜜经注解》，清代徐槐迁《金刚般若波罗蜜经疏》，近现代丁福保《金刚经笺注》以及目前流行的宣化、星云、净空、广超诸法师和南怀瑾的讲说本等。

《金刚经》一向被视为纲要性的大乘佛典，是准确把握佛学要义的一把钥匙。不仅如此，愈来愈多的治学者开始意识到《金刚经》具有超越宗教的哲学普适性，而这一点是与《金刚经》精到的言辞和高度的思辨分不开的。这部经典原是一篇对话体长文，后来为了阅读、理解的方便才分成了32章，称为32分或32品。一般认为，《金刚经》的核心是关于空的智慧，所谓"凡所有相皆是虚妄"。但又不滞于看破世俗之相，更重要的是透过一切外在形象用安定、寂静、如不动的身心体悟到存在的真相，这个真相也就是超凡入圣的佛的境界，涅槃境界与极乐世界。佛教禅定的功夫旨在于修身养性,而修养不谋而合地成为儒、释、道诸家的共同主题。尤其在如何使人自身获得超越性的精神品格上,道、释两家显现出惊人的一致性。究其根本原因,精神上的境界拓展依赖于精神建设,心灵上的痛苦解除依赖于心灵陶铸,相反试图通过物质资助的"物理疗法"无疑是粗浅的与消极的。换句话说,强大的物质力量不能直接兑现为自信与快乐,而只是衣食存身的保障;真正的自由与幸福更多来源于精神上的修养与自足。这样,我们也就不难明白一个坐享国富的年轻王子为何心缠困惑、烦恼,又为何独往山林、冥思苦想而最终达至生命觉悟与精神自由。佛祖的大彻大悟已相当全面地体现在《金刚经》中,即分为如下三个层次:一,"不住于相";二,"生清净心";三,"日光明照,见种种色。"其中第一层是由外而内,屏蔽了来自外物的种种干扰;第二层完全指向内心,以心灵透彻、明净为美;第三层是由内而外,此时以强大而自足的自我洞观外在一切,世间万物遂即大放异彩,从而融生命于无限博大、清净、光明与愉悦之中。本文后面的两个部分将渐次地阐述以《金刚经》为代表的佛释哲思,试图揭示人生修养中的心灵塑造与精神建构。

第二节　成才之道——《金刚经》中人才的境界

《金刚经》是佛教诸多真经中对中华文化影响最为深远的经典之一。《金刚经》所阐述的诸多道理已经成为中华文化不可或缺的重要组成部分。佛教本身便重视个人的修行,因此非常有必要将《金刚经》中关于人的成长、成才的重要论述归纳总结出来。

一、妙行无住

复次,须菩提,菩萨于法应无所住,行于布施。所谓不住色布施。不住声、香、味、触、法布施。须菩提,菩萨应如是布施,不住于相。何以故？若菩萨不住相布施，其福德不可思量。须菩提，于意云何？东方虚空可思量不？不也，世尊。须菩提，南西北方、四维上下虚空可思量不？不也，世尊。须菩提，菩萨无住相布施，福德亦复如是不可思量。须菩提，菩萨但应如所教住。

——《妙行无住分第四》

佛陀彻悟之后致力于点化弟子，普度众生，因而佛典中存有大量的有关如何传授智慧与掌握真谛的精彩论述。此段中的菩萨即指获有大智慧、通达大境界的先觉者，并成为往后所有在追求人生修养和生命觉悟的道路上精进前行者的典范。我们不禁要问，作为心性修行和成就自我的远大目标，菩萨何以能超凡脱俗、离除困苦、自信自怡而到达彼岸呢？佛陀向弟子须菩提道出了真谛之所在，最根本的一点就是"无住"。住即停留、沉滞、耽于思虑，用意过深。在佛看来，一个真正伟大的智者应该毫无保留地积极行善，行善的结果自然是给世界带来福祥，而且必须在行善者的心中完全达到行于当行、纯净无私、不沾沾自喜、不谋求回报的精神境界。一个人的最大的成功就在于对世界给予最大的恩惠的同时实现自我、成就大我，因此真正的自我不是一个区别于他人的私我，而是区别于小我的大我。所谓的私我、小我实际上是与声、香、味、触的物质享受过度沾染乃至备受欲望侵害的病我，而为佛陀所顿悟的大我是永恒的、光明的、欢喜的、自在的，是打破色、相、法、思、福德种种界域和局限的博大而豁达的真我。佛家强调的不可思量或不可思议旨在通向不可限量的、圆满自足的精神体验，这种真正的富有和自得如同老子所云："上德不德，是以有德；下德不失德，是以无德。"由此可见，平素贪财恋物、患得患失的人在不遑论及利益得失之时已然背道离德、因小失大、纵得恒失；而超越一切外在实物与虚名束缚的人，才会美妙地体验到身体力行、精神自在的极乐胜境。是故人生在世,明道所向,不可不慎。

寓言一

牧童云游

　　黄帝将见大隗乎具茨之山,方明为御,昌寓骖乘,张若、谢朋前马,昆阍、滑稽后车。至于襄城之野,七圣皆迷,无所问途。适遇牧马童子,问途焉,曰:"若知具茨之山乎?"曰:"然。""若知大隗之所存乎?"曰:"然。"黄帝曰:"异哉小童!非徒知具茨之山,又知大隗之所存。——请问为天下。"小童曰:"夫为天下者,亦若此而已矣,又奚事焉?予少而游于六合之内。予适有瞀病,长者教予曰:若乘日之车而游于襄城之野。今予病少痊,予又且复游于六合之外。夫为天下亦若此而已。予又奚事焉?"黄帝曰:"夫为天下者,则诚非吾子之事;虽然,请问为天下。"小童辞。黄帝又问。小童曰:"夫为天下者,亦奚以异乎牧马者哉?亦去其害马者而已矣!"黄帝再拜稽首,称"天师"而退。

——《庄子·徐无鬼》

　　解读:黄帝迷途而路遇神异童子,问道之后又问如何治理天下。只见童子举重若轻,以游为喻,意在启发黄帝。其实治理天下并不难,无为而治,简单易行;重要的是如同一个小童能率性而行,真正明白自己的禀赋、意趣、追求和天地自然之法则、天人合一之妙道,此外一切人为的忧虑、困惑、愁苦都不过是庸人自扰、杞人忧天而已。从这两则对话来看,共同之处都指出了"行"对于生命的意义远胜于"思",而思索的价值最终要落实到行动之中来体现。在身体力行的层面我们更容易也更本质地体悟到生命的自然属性和神妙感觉,例如道家的恬淡、畅达,佛家的光明、欢喜,甚至儒家的平和、安乐。

二、无有定法

"须菩提,于意云何? 如来得阿耨多罗三藐三菩提耶? 如来有所说法耶?"

须菩提言:"如我解佛所说义,无有定法名阿耨多罗三藐三菩提。亦无有定法如来可说。何以故? 如来所说法皆不可取、不可说,非法、非非法。所以者何? 一切贤圣皆以无为法而有差别。"

——《无得无说分第七》

佛经中的"阿耨多罗三藐三菩提"即指最高的觉慧。释迦牟尼佛有如来、应供、正遍知、明行足、善逝、世间解、无上士、调御大夫、天人师、佛世尊十种名号。他对弟子须菩提说,你认为我真获得所谓的最高觉慧了吗? 我真的对大家道出所谓真理及其求证真理的最佳途径了吗? 须菩提这样答道:按照我对佛义的理解,原本就没有确切的意涵(可讲),而只是起了这样的一个名,称之为最高觉慧罢了。佛所讲述的真谛其实是不可以思想谋取,不可以语言道说,既不是(不存在)依赖言思的所谓真谛,也不是(不存在)言思意义上的无真谛(对真谛的否定)。究其根本,则有(形)生于无(形),"无"是万事万物之原始。

寓言二
蹈水出没

孔子观于吕梁,县水三十仞,流沫四十里,鼋鼍鱼鳖之所不能游也。见一丈夫游之,以为有苦而欲死也,使弟子并流而拯之。

数百步而出,被发行歌而游于塘下。孔子从而问焉,曰:"吾以子为鬼,察子则人也。请问蹈水有道乎?"曰:"亡,吾无道。吾始乎故,长乎性,成乎命。与齐俱入,与汩俱出,从水之道而无私焉。此吾所以蹈之也。"孔子曰:"何谓'始乎故,长乎性,成乎命'?"曰:"吾生于陵而安于陵,故也;长于水而安于水,性也;不知吾所以然而然,命也。"

——《庄子·达生》

解读:这则寓言故事中孔子完全被眼前一位男子出没险流的情景所震慑,误以为此人痛不欲生而派弟子立刻下水拯救。谁晓倏忽间那男子从数百米远的地方湿身上岸,边走边歌。于是孔子向前询问:你能畅游若此,有什么秘诀没有?男子答道:其实并没有什么秘诀,只是从小生活在水边,经常下水玩,不觉得水有什么异常之处。我能很好地适应水性,并与之完美无瑕地合二为一也是自然而然的事情。我不把水当作水、我当作我,从来没有思考过什么入身于水的道理与方法,所以也就真的一无所知。可见那种轻视实践和自得而仅仅依赖现成思想的做法只能是舍本逐末、欲速不达。人们误以为只要懂得"是什么"便万事大吉,算是找到了事物的真谛和密钥。但是,正如我们闻知的那样:取法乎上,得法乎中;取法乎中,得法乎下。究其原因正在于此,成就大器务须从源头上亲自做起。这是通往开阔、自由之境的唯一道路。

寓言三

广成至道

广成子南首而卧,黄帝顺下风膝行而进,再拜稽首而问曰:"吾闻夫子达于至道,敢问治身奈何而可以长久?"广成子蹶然而起,曰:"善哉问乎!来!吾语女至道:至道之精,窈窈冥冥;至道之极,昏昏默默。无视无听,抱神以静,形将自正;必静必清,无劳女形,无摇女精,乃可以长生。目无所见,耳无所闻,心无所知,女神将守形,形乃长生。慎女内,闭女外,多知为败。我为女遂于大明之上矣,至彼至阳之原也;为女入于窈冥之门矣,至彼至阴之原也。天地有官,阴阳有藏,慎守女身,物将自壮。我守其一以处其和,故我修身千二百岁矣,吾形未尝衰。"黄帝再拜稽首曰:"广成子之谓天矣!"

——《庄子·在宥》

解读:广成子是传说中曾与黄帝同时的仙人,长年累月住在崆峒山上。这段对话讲黄帝先向广成子问治国之道而受斥,之后修炼三月再向其师问治身之道。于是广成子乘兴而论:修身之最高境界甚是幽深,心神寂静,耳目无扰。唯有守神致和,无思无虑,则可通达天地阴阳而汲取自然精华,生命因之长久不衰。由此观之,庄子所论慎内闭外,内在精神不可受外在的视、听、知的干扰与佛陀所论内心不可牵制于"声、香、味、触、法"完全相通,都强调一个伟大的人必须具备能排除一切外在干扰并获得清净、安宁、自在、独立的心神状态的能力,都首先以人的精神境界诠释生命本身,睿智地确定了人超越于一般生命现象之上的独特高级形态。

三、生光明相

"世尊,若复有人得闻是经,信心清净则生实相。当知是人成就第一希有功德。"

"须菩提,如来所得法,此法无实无虚。须菩提,若菩萨心住于法而行布施,如人入暗则无所见。若菩萨心不住法而行布施,如人有目,日光明照,见种种色。"

——《离相寂灭分第十四》

　　须菩提陈述一己之见,推断说一个人如果信仰虔诚,内心清澈明净,那么就定能捕捉、把握到那个实实在在的最高真谛;而一旦将此真谛怀抱于心胸之间,这个人也就定是世界上获得最高成就并且功德无量罕比之人。然而佛陀告诫道:佛法真谛不可拘泥于俗常理解的虚实差别,因其原本既不是所谓的区别于虚的实,也不是区别于实的虚。如果从虚实对立的层面来把握佛法真谛,则最终对之懵懵懂懂、昏昧不明。相反,如果能从虚实、有无非此即彼的思维框架中解脱出来,就能在精神境界的体悟中神奇般地现出光明,随之看见形形色色的五彩世界。

寓言四

虚室生白

　　回曰:"敢问心斋?"仲尼曰:"若一志,无听之以耳而听之以心,无听之以心而听之以气。听止于耳,心止于符。气也者,虚而待物者也。唯道集虚。虚者,心斋也。"颜回曰:"回之未始得使,实有回也;得使之也,未始有回也;可谓虚乎?"夫子曰:"尽矣。吾语若! 若能入游其樊而无感其名,入则鸣,不入则止。无门无毒,一宅而寓于不得已,则几矣。绝迹易,无行地难。为人使易以伪,为天使难以伪。闻以有翼飞者矣,未闻以无翼飞者也;闻以有知知者矣,未闻以无知知者也。瞻彼阒者,虚室生白,吉祥止止。夫且不止,是之谓坐驰。夫徇耳目内通而外于心知,鬼神将来舍,而况人乎? 是万物之化也,禹、舜之所纽也,伏羲、几蘧之所行终,而况散焉者乎?"

——《庄子·人间世》

　　解读:"心斋"是庄学中用以指称人的精神境界的重要概念。孔子对弟子颜回传授道:务须心志专一,不要依凭耳朵去听,而要用心去听,甚至更进一步要依凭气去听。这里所谓的"气",即摒除主观意志和思虑杂念的浑然虚静的精神状态;在此状态中,心灵纯净而渐放光明,一切天性禀赋自生自得,这就是所谓的"心斋"。《庄子》十分注重对心灵之光的内在体验,如《在宥》"吾与日月参光,吾与天地为常";《天地》"上神乘光,与形灭亡,此谓照旷";《庚桑楚》"宇泰定者,发乎天光。发乎天光者,人见其人,物见其物";特别是《知北游》中讲身心如一,无欲无虑,天和将至,神将来舍,在道德的恩泽与关照中"汝瞳焉如新生之犊",即像刚出生的小牛犊那样用一双澄澈明亮的大眼睛去看世界,觉得天地万物无比清新光鲜。

四、说最上乘

"须菩提,以要言之,是经有不可思议、不可称量无边功德。如来为发大乘者说,为发最上乘者说。若有人能受持读诵广为人说,如来悉知是人,悉见是人。皆得成就不可量、不可称、无有边、不可思议功德。如是人等则为荷担如来阿耨多罗三藐三菩提。何以故?须菩提,若乐小法者,着我见、人见、众生见、寿者见,则于此经不能听受读诵为人解说。"

——《持经功德分第十五》

解读:佛陀直言《金刚经》是一部蕴涵深厚、振聋发聩的上乘经典,而只有立大志、发宏愿的人才能听懂其中的奥义。奉持《金刚经》的先觉者继续为世人解说经义,则不仅能无私地利益他人,也能更大地成就自己,而且还承传、弘扬了世间的大智慧。相反那些目光短浅、执泥俗见而沉迷不拔的人,则又怎能领会与传授《金刚经》呢?因而对于每个人而言,最重要的是拥有远大的理想、开阔的胸怀和不断超越向前的精神。有了这样的素质和潜能,日常的言谈举止才会不落俗套、不囿成见,才会清新洒脱、从善如流。常言道:择善人而交,择善书而读,择善言而听,择善行而从。在至高的真善美的耳濡目染中,成才之道正随着脚步而自然延伸。

寓言五

渔父论道

孔子愀然曰:"请问何谓真?"

客曰:"真者,精诚之至也。不精不诚,不能动人。故强哭者虽悲不哀,强怒者虽严不威,强亲者虽笑不和。真悲无声而哀,真怒未发而威,真亲未笑而和。真在内者,神动于外,是所以贵真也。其用于人理也,事亲则慈孝,事君则忠贞,饮酒则欢乐,处丧则悲哀。忠贞以功为主,饮酒以乐为主,处丧以哀为主,事亲以适为主,功成之美,无一其迹矣。事亲以适,不论所以矣;饮酒以乐,不选其具矣;处丧以哀,无问其礼矣。礼者,世俗之所为也;真者,所以受于天也,自然不可易也。故圣人法天贵真,不拘于俗。愚者反此。不能法天而恤于人,不知贵真,禄禄而受变于俗,故不足。惜哉! 子之蚤湛于人伪而晚闻大道也。"

孔子又再拜而起曰:"今者丘得遇也,若天幸然。先生不羞而比之服役,而身教之。敢问舍所在,请因受业而卒学大道。"

客曰:"吾闻之,可与往者与之,至于妙道;不可与往者,不知其道,慎勿与之,身乃无咎。子勉之! 吾去子矣,吾去子矣!"乃刺船而去,延缘苇间。

——《庄子·渔父》

解读:《庄子》中的这则寓言写孔子受教于渔父,向其请教何为真的问题。渔父回答说:所谓真,就是内心精诚,自然而为,不强迫、不做作、不刻意；就是以天真无伪的态度去待人接物、感味生活、呈现本质，而不在外在的形式和人为的规范上苦苦纠缠、费尽心机。聆听天真自然、功德自成的人生哲学，若有所悟的孔子意欲拜师追随，渔父最后说道：能一起去的人则一起去，彼此始终是志同道合的朋友；不能一起去的人就不要一起去了，因为道不同不相与谋。于是为人处事既真且慎的渔父在劝孔子好自为之后，驾一叶扁舟飘然而去。由此观之，境界迥异、道路歧出的人生样态，或自由旷达、天真不拘，或唯唯诺诺、怯懦平庸。这就务必一方面要勇于革新自我、坦荡胸怀，另一方面还要正本清源、合道同行，善于汲取人文精粹，铸就天地性灵。惟其如此，高洁的品格方能愈久愈坚，不致被流俗所浸染与湮没。

五、通无我法

"须菩提，所言一切法者，即非一切法，是故名一切法。须菩提，譬如人身长大。"

须菩提言："世尊，如来说人身长大则为非大身，是名大身。"

"须菩提，菩萨亦如是。若作是言，我当灭度无量众生，则不名菩萨。何以故？须菩提，实无有法，名为菩萨，是故佛说一切法无我、无人、无众生、无寿者。须菩提，若菩萨作是言，我当庄严佛土，是不名菩萨。何以故？如来说庄严佛土者，即非庄严，是名庄严。须菩提，若菩萨通达无我法者，如来说名真是菩萨。"

——《究竟无我分第十七》

佛陀对须菩提说：所谓的遍世真知，如果一旦用语言、思想来确指就不是其本身了；只是姑且以言思的方式给个称呼罢了。同理所谓的身形巨大无比（关于此处人身长大，一种理解是依据《金刚经》所言及的"'须菩提，譬如有人身如须弥山王，于意云何？是身为大不?'须菩提言:'甚大,世尊。何以故? 佛说非大身,是名大身。'"
另一种理解认为,佛以真如为身,因其遍一切处,具一切功德,可谓
长大;却又无形无相,故为非大身。),也不可依赖语言、思想就力
图确切指明的,否则所得到的那个巨身其实不是我所说的真正的
身形巨大,而我之所以这样讲也只是个比拟的托辞罢了。还有就菩
萨而言,如果着意去想要用自己的大觉慧普度众生、显明净土,那
其实就不是真正的菩萨了。因为佛和菩萨能空能无、以无为法,
不被一切形相所遮蔽;尔后才有出于言谈交流的方便所给出的如
庄严、一切法等诸多名称。如果能深刻明白无私无我的道理,进
而明白不落言筌的所谓庄严、一切法,那就算是真正的菩萨了。

寓言六
忘己合天

夫子问于老聃曰:"有人治道若相放,可不可,然不然。辩者
有言曰:'离坚白,若县寓。'若是则可谓圣人乎?"老聃曰:"是胥易
技系劳形怵心者也。执留之狗成思,猿狙之便自山林来。丘,予
告若而所不能闻与而所不能言。凡有首有趾无心无耳者众,有形
者与无形无状而皆存者尽无。其动,止也;其死,生也;其废,起
也。此又非其所以也。有治在人,忘乎物,忘乎天,其名为忘己。
忘己之人,是之谓入于天。"

——《庄子·天地》

解读:孔子向老子问道:如果有人治学论道亦步亦趋,总能从
俗见认为相异的事物中找到同一性,或是深思善辩而标新立异,
总能从俗见认为同一事物中找到相异性,那么这样的人就可算是
圣人了吧? 老子说:这都不过是因知解而带来矛盾、差异,因技能
而带来困扰、束缚,乃至最终耽思忧虑、身心俱疲。好比善于捕物

的猎犬因被圈养而徘徊、急躁、烦心,善于攀援的猕猴因被捕获而离开深山老林。大凡长有头脚而无心可思、无耳可听的生物很多很多,但五官齐备而能兼具虚无大道的(人)却十分罕有。动静、生死、兴废等既相对立,又相统一,能认识到这点固已不易,但又并非是大道之根本。因为探求大道的关键在于修养自身,如果有人内心体悟大道虚无之本质,忘却天地自然万物和一切私心杂念,即可谓之"忘己",这样的人才是真正与天合一的圣人。这里强调的是人的内在体验纯净无私、通达大道,如果单凭思辨的方式则无法进入圣人境界之中。

六、广修善法

"复次,须菩提,是法平等无有高下,是名阿耨多罗三藐三菩提。以无我、无人、无众生、无寿者修一切善法,则得阿耨多罗三藐三菩提。须菩提,所言善法者,如来说非善法,是名善法。"

——《净心行善分第二十三》

佛陀继续讲说:真正的觉慧是没有高下之分的,只是起名为无上正等正觉。如若能突破以执著自我、法相为缘起的诸般心识与观念的束缚,修习一切立足于离相、无我的正道,就可获得最高觉慧和圆满境界。也正因为离相、无我的缘故,我所说的善法只是借助语言形式姑且称之为"善法",本质上不同于世俗理解的凡事都有区别的善法。

寓言七(1)

达万物之理

天地有大美而不言,四时有明法而不议,万物有成理而不说。圣人者,原天地之美而达万物之理,是故至人无为,大圣不作,观于天地之谓也。

——《庄子·知北游》

解读：老、庄都赞叹自然之神妙，认为宇宙万物虽然无言、无思，但又显得合情合理、有条不紊。但凡圣人即能深察宇宙自然的美妙，洞晓万事万物的规律，进而借鉴天地比照自身，遵循自然无为的基本法则。可见老庄哲学同样强调人生修养应首先参悟无限开阔的整个世界，在拓展胸怀、涤荡心灵、舒放精神的过程中也必然随时随处会受到天地万物之启示，获得自然而然之真谛，正所谓"道"无处不在、须臾不离。

寓言七（2）

随顺自化

河伯曰："然则我何为乎，何不为乎？吾辞受趣舍，吾终奈何？"北海若曰："以道观之，何贵何贱，是谓反衍；无拘而志，与道大蹇。何少何多，是谓谢施；无一而行，与道参差。严乎若国之有君，其无私德；繇繇乎若祭之有社，其无私福；泛泛乎其若四方之无穷，其无所畛域。兼怀万物，其孰承翼？是谓无方。万物一齐，孰短孰长？道无终始，物有死生，不恃其成；一虚一满，不位乎其形。年不可举，时不可止；消息盈虚，终则有始。是所以语大义之方，论万物之理也。物之生也，若骤若驰，无动而不变，无时而不移。何为乎，何不为乎？夫固将自化。"

——《庄子·秋水》

解读：《秋水》开篇所写"秋水时至"河伯与北海若的对话是《庄子》书中很有名的一个寓言故事。河伯是眼界狭隘的河神，北海若是视野开阔的海神。一天,河神顺流行至海边,唯见浩淼无际而连连兴叹。海神说道:大海辽阔远胜于河流,而天地之大又远胜于四海。世间没有绝对的大与小,即一切对立都是相对的;若依相对标准作绝对判断,显然是妄自尊大、自欺欺人之举。因此但凡得道之人既不会执意于人为的绝对判断,更能以心平气和、等量齐观的态度对待万物而超然物外。也就是说,只有在认识观念上破除偏执、肯定多元、扩大胸襟、好公无私,才能顺从自然规律,随世推移变化,和合天道,自适逍遥。

七、含弘无私

"须菩提,若菩萨以满恒河沙等世界七宝布施,若复有人知一切法无我,得成于忍,此菩萨胜前菩萨所得功德。须菩提,以诸菩萨不受福德故。"

须菩提白佛言:"世尊,云何菩萨不受福德?"

"须菩提,菩萨所作福德不应贪著,是故说不受福德。"

——《不受不贪分第二十八》

《金刚经》的核心思想即抛却自私,如如不动。这里佛陀向须菩提再作申述:如果有人领悟到通晓一切真谛的关键在于消解私我,能舍能止,那么他的功德将超过施舍无数珍宝的人。这是因为大智大觉之人既不为建功立名而恩惠他人,也不因恩惠他人而渴求回报;只是以无私去执修证弘大胜境,德泽众生如雨润无声。

寓言八

大德不得

上德不德,是以有德;下德不失德,是以无德。上德无为而无以为也;上仁为之而无以为也;上义为之而有以为也;上礼为之而莫之应也,则攘臂而仍之。故失道而后德,失德而后仁,失仁而后义,失义而后礼。夫礼者,忠信之薄也,而乱之首也;前识者,道之华也,而愚之始也。是以大丈夫居其厚而不居其薄,居其实而不居其华。故去彼取此。

——《道德经·第三十八章》

解读:《老子》又名《道德经》,对道、德有着至深的体认。老子认为,自古以来德行最高的人纯净无私、忘我忘德,惟其如此才能拥有大德;相反,德行不高的人患得患失,结果只能是背离大德。重德之人崇尚无为,不执意而行;重仁之人乐意作为,尚也不执意而为;重义之人努力去做事,并且执意要实现目的;重礼之人刻意去行动,结果每遇往而不来就前去诘问、责骂,无礼他人而适得其反。因此,道缺失则德兴盛,德缺失则仁兴盛,仁缺失则义兴盛,义缺失则礼兴盛。待到只重视礼节之时,就已意味着居于上位的忠信变得十分淡薄,同时成为社会混乱的祸首;那些为他人制定礼义纲常的所谓先见,都不过是披着道德的华丽外衣,本质上却成为愚民的根源。由此观之,世上真正有开阔胸襟、高远智慧的人无不是崇本弃末、质朴无华的人。老庄哲学以虚静、恬淡为本,在社会日趋私伪、浮躁的现实面前倡导人性回归自然,追求内心的安宁、纯净、和谐与自由。《庄子·秋水》篇也论道:"道人不闻,至德不得,大人无己。"一个人如能做到外不撄内、无私无得、境界弘大,那无论衣食住行多么朴素,都一定是一个真正成功的人,是一个有生命意义的人,是最平凡也最伟大的人。

第三节　成才有道——来自《金刚经》的真谛

《金刚经》中对于人才提出了"妙行无住""无有定法""生清净心""生光明相""说最上乘""通无我法""广修善法"和"含弘

无私"的境界。那么如何获取这些智慧,通达如此境界呢?《金刚经》中也给出了通往成才之路的真谛。

一、打破束缚,解放思想

《金刚经》道说了佛陀对人生奥义的深刻理解,向后人充分展现了一个不局限在某一个别领域如文艺的、政治的、法律的、科学的、技术的宏大空间。也就是说,这位王子拂弃了既有的政治身份,从解决人人日日相对的烦恼入手,立志为人类的全部生活奠定最为宽厚的生命基石。

如今我们关注的成才问题,从目标上看,多是父母望子成龙、自己立志作为,期盼将来能成为一名杰出的科学家、政治家、律师、记者、歌唱家、书画家或文学家……从过程上看,一个希冀当画家的人就必须跟随画家老前辈孜孜探求,一个希冀当物理学家的人则须跟随物理学大师刻苦钻研,这是再正常不过的现实情形。然而,当我们将视野扩大到公共的、共同的整个领域,而不是限定在某一门学科的时候,当我们不再紧盯着表面已经划分好的一块块扇形蛋糕,而是开始真正关注支撑整块蛋糕的底座的时候,更为根本的问题就渐渐地显露出来。第一是能够打通几乎所有学科并成为各学科共同的基本规律,例如对思维的、想象的研究成果;第二是指向各学科的公共的研究主体即学习研究者自身的基本素质,如个人的兴趣、意志、毅力、敏感力等;第三则是着眼于人的完整、完善、健全、健康、幸福、快乐,着眼于人性、人格、心灵、精神,着眼于人的内心与外物、自我与他人的基本关系,着眼于人生意义、人类前景以及所有终极关怀的一切可能。毫无疑问,佛陀与历史上有人文倾向的哲人一样,主要关注的是第三层域即世间学问之最根本者。这样的大学问、大智慧往往影响一个人能否成为"大人",能否超越自我、完善自我、实现自我,能否在人的意义上做一个真正的成功者。

　　当今社会"以人为本"的思想日益彰显,人们已开始从职场成功的单一思维逐渐转向多维、全面的进步人生观,已开始觉悟到内在心灵与精神层面的存在对个体生命成长的重大意义。换言之,蓄积深厚的心灵样态、精神境界正在从根本上标识着一个人的成熟与成功,同时还密切关系着自我的意志、毅力的层面,思维、想象的层面以及职业、事业的层面。这也是我们生存于科学、理性的社会里迫切需要学习一点哲学,从古代先哲著作中汲取必备的养素的原因所在。

　　《金刚经》的核心思想之一即是无住而住,意思是不可因固守而僵化,不可因耽溺而迷失。佛陀主张打破一切成见,包括对待日常感知的对象与处事待物的方式、方法和途径,其根本目的在于有所立,有所住;任何一位哲人都不会掩耳蔽目、愚狂虚妄地横扫一切与全盘否定,而是志存高远,行神如空,如入无人之境。佛学与老庄哲学的恢弘建树都以高扬生命精神、开拓精神空间为宗旨,都积极抵御人的自私与物欲带来的困苦和侵扰。正是在这个意义上,圣贤谆谆告诫人们一定要坚守精神的独立与自由的基本品格,决不可被耳目声色、万物形相所迷惑,也不可束缚于所思、所求以及受制于一切戕伐精神自在的身心活动。《道德经》里也讲:"五色使人之目盲,五音使人之耳聋,五味使人之口爽,驰骋畋猎使人之心发狂,难得之货使人之行妨。"之所以立论如此,并非认为人可以离弃世间万物而生存,也并非要有意躲避或惶恐面对千姿百态的人事现象;恰恰相反,是将人的精神建设放在首位进而严格处理与万事万物之间的关系,杜绝生活中人在不经意间沉沦于世俗纷扰而难以自拔。一个真正成功的人,不仅仅指向事件的、财物的、名誉的、地位的乃至思想的成功——这些都有可能受到圣哲的揶揄和否定,而且最根本的是能否在精神上出落得若清水芙蓉,纯洁天然,秀拔素丽。基于这样的人生操守,日常所谓事件的、财物的、名誉的、地位的、思想的诸因缘和果报才能各得其所。也就是说，一个不被事物、名利、地位和思想迷惑蒙蔽的人才可能真正地、完美地成就一切。

二、身体力行，自觉求实

通读《金刚经》不难发现，佛陀说法无所说又有所说。他对"无"的讲说涉及面甚广，不立权威便是其中的要义之一。高徒须菩提能理解佛陀宏旨，即所谓"如来所说法皆不可取、不可说"。佛陀的说不可说与老子的道不可道不谋而合，意在警示人们务必要超越语言和思维，哪怕是最伟大的圣人的思想。这不仅因为圣人也有平凡的一面，更重要的是一个人如果唯圣是从，奉若神明，不敢越雷池一步，事实上也就如"浮云遮望眼"，只能随行身后、望其项背，而无法独立直观无限广阔的天空。因此，对于圣人来说，从不觉得自己多么的巍峨高大，也从不把自己的学说看成是终极真理并原原本本地装入人们的头脑里。

显然，着意建构权威的做法是等而下之的，而刻意遵从权威的做法也是愚昧无知的。"江山代有才人出"，每一个人都应是自己生命航行的主宰者，都应实实在在地以自身体验为根本去直面外在世界和展现内在世界。佛家的破执离相与道家的损有趋无的思想都指向生命精神的还原与净化，都将人类本性固有的博大和自由最大限度地重新赋予每个个体。所以佛陀会用"我讲过什么"或"我获得最高智慧了么"这样的话向弟子反诘，可谓用意良深。其实一切讲授都旨在使接受者作为生命主体走向伟大的自觉，而大智慧不同于各种学问之处就在于能净化人的精神，能坚定人的信念。精神与信念的持存务必是依赖自身体悟而日日新，古今圣贤无一不是从日常生活言谈举止做起，无一不注重心灵体验与精神修养。

生命关怀从根本上标志着人类的进步与成熟。社会关心每一个人，每一个人更应关心自己。孔子云："古之学者为己，今之学者为人。"这是因为个体生命具有无限的内在丰富性和可能性，真正以生命觉悟、境界提升为追求的人必定是基于自身生命样态的人，这种实实在在的内在修养既不可一蹴而就，也不可彼此替代。如果一个人只关注他人，实际上是自暴自弃；如果每个人都这样做，那整个社会就彻底失去了精神建设的基石。故此孔子为当时希求成才的后学忘却生命的根本之所在而痛心疾首，也为社会文化的发展趋势而忧心忡忡。后世尊称孔子为圣人而非学者，其原因在于他继承了中华民族的内圣之道，也就是特重精神修养远过于知识累积的生命本质观。

三、独立不迁，宁静致远

东西方哲学都以人生为中心而展开深刻探讨，但与西方着眼于思想与理性根基的哲学主流不同，东方哲学一向很重视生命内在的精神体验，诸如儒、道、释各家皆无一例外，体现出本质上的相似性或一致性。《论语》中孔子称赞颜回"一箪食，一瓢饮，在陋巷。人不堪其忧，回也不改其乐"的例子熟为人知，不过仅仅从吃得苦中苦、方为人上人的意义来理解是不够的。我们尤需看到行进在修养大道上的那种自信自足、持之以恒、永不动摇的精神境界。换句话说，对于颜回这样的贤士，从不以享用甘味美食为目标和快乐，也就不会以一箪食、一瓢饮为艰苦。真正支持他一如既往阔步向前的是愈来愈坚强的自性品格，这种品格可以不为外界种种因素所干扰，内心始终保持永恒的宁静和本色。有了如此强大的精神，任何困境都可以泰然处之，任何坎坷都可以轻松超越。

性格决定命运，甚至个人性格直接谱写自己的生命篇章。所谓"十年树木，百年树人"的基本内涵也是强调人的培养问题，强调培育怎样的人和在何等层面上进行实质性培养的问题。如果就饮食生存而言，人类也同样体现生命现象自然应有的共同特征;如果就知识谱系而言,个体接触和掌握的只是沧海之一粟。正如我们看到的那样,知识总和的增长速度远远大于个体学习的增长速度,一个人面对的无知领域将随之越来越广。佛陀与须菩提在对话中论道,东南西北方和四维上下虚空皆不可思量。这倒不是真要否定人的认知行为,而是着重强调思量与认知这种活动方式自身绝对不可避免的有限性。对此庄周讲过:"吾生也有涯,而知也无涯。以有涯随无涯,殆已。"后来有许多汉儒、清儒一味钻于故纸堆中皓首穷经,也就必然会引致他人的嘲讽。那人类又如何不满足于一般意义上的生存需求,且不使自身淹没在无穷无尽的知识瀚海中呢? 哲人的回答是剥离开一切身外之物,直至发现真正的"我"。没有人会愚昧地认为人可以离开物而存在,也没有人会把人的生命意义寄托在物的身上而玩物丧志。人的成长过程就是发现自我、理解人生、培育品格的过程,是逐渐地明心见性、炼就精神、提升境界的过程。唯有如此之目标,个体才能不为物惑、志存高远、与自由相伴同行。

四、灵明向上,恬淡愉悦

佛教给人的印象常常是经文上的清规戒律和苦行僧的打坐口念,然而深究佛典我们会发现,基于摆脱苦恼的佛理言说有着相当深邃的哲学意蕴,尤其在探求人的心理、情绪、意识、思维和精神诸方面所获得的非凡智慧与中国庄学不谋而合,相映成趣。当现代新儒家徐复观赞叹庄子追求的是"向上透出的纯白灵明的人生",这又何尝不是佛家的境界写照呢? 他们都借助虚、静、空、无的反世俗方式遣思返悟、遣用返体,洗尽一切私欲、伪饰、邪恶乃至残杀所愈积愈厚的污垢,以世间最为清新、纯净的心灵重新去目睹耳听,于是不再为争名夺利而头破血流,为光宗耀祖而豪华奢侈,相反懂得舍弃、给与、简朴、恬淡,明了生命之自由原不与物质之丰富成正比,精神之愉悦自古与超越羁绊相辅相成。

《金刚经》昭示"不应住色生心",而应"离一切诸相","生无所住心",更进一步,"心不住法而行布施,如人有目,日光明照,见种种色"。可见尽管佛教主张空性幻相,却又恰恰自生胜相,故能离苦常乐、直观真相。在《金光明经》中借金鼓"其光大盛,明踰于日"象征"菩提功德,光明无碍,慧光无垢,照彻清净"的修证境界,同样表明佛道的根本旨趣不仅在引导人们发善心、行善事,而且在洗净世相尘垢之后自然显现人们心灵深处永恒的圣洁与光明。无疑,真正发现佛慧真谛的不是抱怨式的人生皆苦和绝望式的四大皆空,反而是不受物累、拒绝沉沦、净化心灵、舒放精神、体悟自由、追尚清明的自修自得。当佛陀一再强调"于法实无所得",其本意乃使世人不捕捉、不执著、不沉思、不迷恋,在杜绝一切私邪可能,永不受欺诳、蛊惑的同时获得最大的精神解放和心灵欢愉。因此,但凡一本正经都会将属人的自由、自主完好无损地交付给每个人,而不是设定权威与体系令人顶礼膜拜。《金刚经》中"不可以身相(或三十二相)得见如来","若见诸相非相则见如来"非常明确地消解思维实指,而以清净心为本色,超越事物形相所限,复与世界圆融如一。可见佛教在本质上不是一种关乎神、人、物的执著崇拜,其原旨乃在面对世俗境遇摒弃烦恼、摆脱羁绊进而依赖自身追求自由、炳焕光明。这也是中国自汉代以来在已有辉煌文明的基础上移植古印度佛教并使之迅速中国化的根本原因。

五、无私无畏,圆满天成

《金刚经》缘起于须菩提"应云何住,云何降伏其心"的深思与提问,而由佛陀阐发的"无所住心","不应贪著"作为全书主旨贯穿始末。这是一个指向人的自由本性的哲学问题,对每个人陶铸真我、驾驭自我、成就大器有着十分重要的现实意义。从修身养性之道来看,儒家讲"克己",道家讲"寡欲",而佛家亦同样以无贪、无私作为励志精进、功德圆满的一大关键。所谓的无私欲、无我执,并非饥而不食,漠视身心,否定自我,而是教人不被一己之欲牵着走,及至迷失真我,沉沦难返。因此佛经中提倡的"自利利人",既不因自利而自私,也不因利人而偏执,其本义是将这种摆脱烦恼、扩展胸怀、体现自由、证见光明的内修成果外施于人,引领世人共同去战胜无尽私欲的重重困缚,积极完善人格,提升精神境界。只有打破人我界限而惠济大众,从不以利益他人而自诩傲慢,这才真正做到了无贪著、无私欲,由此通向生命的最高境界,实现自身的最大价值,这就是最大的"自利"。

自古圣人皆重视生命意义,关怀精神处境。可以说,解决人的肚子问题不易,而进一步解决在解决肚子问题时所沉积下的私心与伤痕则更难、更漫长、更伟大。一个成功的人不只满足于吃饱穿暖,还一定拥有高远向上的精神追求。在成才的道路上,我们务须关注自己的心灵世界,务须构建自己的精神品格。孔子曾云:"富与贵是人之所欲也,不以其道得之,不处也。"可见离开了人格修养之道,富贵不过如浮云,为圣人所不齿。这种人格培育优先于名利竞逐的生命价值观,集中体现了东方文化的超越性和优越性。显然,人格的完善与健全不仅从根本上带给每个人以幸福和快乐,而且也带给整个社会以真正的安定和温暖。现代文明社会必将以人格型社会的高尚、真诚、博爱、刚毅、和谐、自由最终战胜物质型社会的贪婪、懦弱、狭隘、冷漠、虚伪、自私;现代文明成果也必将以每个公民的成人、成才、成功为根本标志,充分展现以人为本、与天为一、自强不息、自然天成的人格力量和精神风采。

第四章 《朱子家训》与成才之道

第一节 经典释名——朱熹和《朱子家训》

朱熹(1130—1200),南宋著名理学家、思想家、哲学家、诗人、教育家、文学家。祖籍徽州婺源(今属江西),出生福建尤溪,侨寓建阳(今属福建武夷山)崇安。朱熹是宋代理学的集大成者,他继承了北宋程颢、程颐的理学,完成了理学体系的建立。他认为理是世界的本质,主张逻辑上"理在先,气在后",强调理的根本作用,而在现实的存有状态上,"理气不离",气是组成世界的质料,理是世界的法则;在道德上,朱熹提出"存天理,灭人欲",要求规范人的不合理欲望,希望人能按照道德法则生活。朱熹学识渊博,对经学、史学、文学、乐律乃至自然科学都有研究。朱熹在南宋最早以文学成名,其词作语言秀正,风格俊朗,无浓艳或典故堆砌之病。朱熹既是我国历史上著名的思想家,又是一位著名的教育家。他一生热心于教育事业,孜孜不倦地授徒讲学,无论在教育思想还是教育实践上,都取得了重大的成就。朱熹著述甚多,有《四书集注》《太极图说解》《通书解说》《周易读本》《楚辞集注》,在教育上则有《小学集注》《童蒙须知》等作品,后人辑有《朱子大全》,现今朱杰人教授主编《朱子全书》,为目前最全的朱熹著作集成。朱熹的《四书集注》在元明清成为钦定的教科书和科举考试的标准。《朱子家训》也是出自其手笔。

中华民族素来重视"家训",把家庭作为人最初的教育场所。

家庭教育成为了古代人从小孩到大人转变的核心环节。中国古代"家训"的各种文字记录很多,如周公的《诫伯禽》、管仲的《弟子职》、诸葛亮的《诫子书》,还有颇负盛名的北齐颜之推的《颜氏家训》、清曾国藩的《曾国藩家书》,等等。中国古代向来重视家庭在社会存续和发展中的地位,甚至国家也是按照家庭的模式建立的,《大学》从格物、致知、正心、诚意、修身,讲到齐家、治国、平天下,可以说集中反映了这一点。对于家庭来说,最重要的成员莫过于年龄最大的长辈。他们依凭丰富的人生阅历、练达的交往技巧和深邃的生活智慧,成为下一辈学习和效仿的榜样。他们也希望自己的子孙能够吸取自己的人生经验和教训,使得整个家族欣欣繁荣、永不衰败。因此他们把自己的阅历和智慧写成平易而隽永的文字,供子孙后世借鉴。这种文字正是"家训"。《朱子家训》正是朱熹写就的、供朱氏家族学习效仿的文字。朱氏家族数百年来恪守祖训,至今人丁兴旺,英才辈出,为中国家族的典范。至今,世界朱氏宗亲会还十分重视《朱子家训》的当代意义。

《朱子家训》短小精悍,总共不过317字,可谓字字珠玑。它虽精炼,思想内涵却极其丰富。《朱子家训》主要谈论了人在日常生活中的言行所应该遵守的原则。首先它认为,每种不同身份的人都有自己最重要的德性,正所谓"君之所贵者,仁也。臣之所贵者,忠也。父之所贵者,慈也。子之所贵者,孝也。兄之所贵者,友也。弟之所贵者,恭也。夫之所贵者,和也。妇之所贵者,柔也。事师长贵乎礼也,交朋友贵乎信也"。它把中国古代最重要的几种人际关系,即君臣、父子、兄弟、朋友、夫妇和师生,以及每种人相应的德性都罗列于此,正是朱熹希望自己的子孙后代中,各种不同身份的人都能尽到自己的本分。其次它指出了每个人在与他人交往的时候,应该如何对待别人的善恶、仇怨和过错。几乎每一句话都可以成为名言警句,比如"慎勿谈人之短,切莫矜己之长""人有恶,则掩之;人有善,则扬之",是我们与他人交往的最佳指导。再次,它提到了很多与我们自身的修养相关的,像"勿损人而利己,勿妒贤而嫉能"这样的句子是我们修身的不二法门。最后,它指出上面这些行为是"日用常行之道",每个人每天都会接触到,就像穿衣吃饭那样平常,因此我们不可不慎重。细细品读其中的文字,感受朱子对于子孙后辈的劝诫,对我们自身的成长肯定有很多的启发。

附《朱子家训》全文

君之所贵者,仁也。臣之所贵者,忠也。父之所贵者,慈也。子之所贵者,孝也。兄之所贵者,友也。弟之所贵者,恭也。夫之所贵者,和也。妇之所贵者,柔也。事师长贵乎礼也,交朋友贵乎信也。

见老者,敬之;见幼者,爱之。有德者,年虽下于我,我必尊之;不肖者,年虽高于我,我必远之。慎勿谈人之短,切莫矜己之长。仇者以义解之,怨者以直报之,随所遇而安之。人有小过,含容而忍之;人有大过,以理而谕之。勿以善小而不为,勿以恶小而为之。人有恶,则掩之;人有善,则扬之。

处世无私仇,治家无私法。勿损人而利己,勿妒贤而嫉能。勿称忿而报横逆,勿非礼而害物命。见不义之财勿取,遇合理之事则从。诗书不可不读,礼义不可不知。子孙不可不教,童仆不可不恤。斯文不可不敬,患难不可不扶。

守我之分者,礼也;听我之命者,天也。人能如是,天必相之。此乃日用常行之道,若衣服之于身体,饮食之于口腹,不可一日无也,可不慎哉!

第二节 成才之道——《朱子家训》中人才的本分

《朱子家训》作为"家训"史上的经典，不仅仅对维持朱氏家族的道德水准有很大的作用，而且对我们当今的成才之路也有重要的指导意义。从根本上说，《朱子家训》的目的在于造就一个尽其本分、隐恶扬善、言行中礼的谦谦君子，或者说就是造就一个人才。从这个意义上讲，《朱子家训》告诉世人的正是成才之道。从《朱子家训》看来，在成才的道路上主要需要做到以下几个方面：

一、尽其本分

原文说："君之所贵者，仁也。臣之所贵者，忠也。父之所贵者，慈也。子之所贵者，孝也。兄之所贵者，友也。弟之所贵者，恭也。夫之所贵者，和也。妇之所贵者，柔也。事师长贵乎礼也，交朋友贵乎信也。"咋看起来，一套父慈子孝、君仁臣忠的思想已经不适合我们现代的社会。然而，尽管我们现在没有了君臣，却还存在国家，人总是生活在一定的社会共同体当中，必须正确面对与共同体、国家的关系，此外父子、兄弟、夫妇这些关系依旧存在，同样是今天社会生活的重要方面。父慈子孝、兄友弟恭的伦理价值仍然是有意义的。况且，这句话背后的真正意思，是告诉我们，在什么样的位置上，就要尽到这个位置上的本分，也就是儒家所讲的"君子素其位"。这样转化之后，它对于我们现代社会的意义就彰明了。对于我们的成才来说，这个道理同样适用。在学校，就认真做好学生应该做的事情，那就要好好学习。在家里，就应该认真做好孩子应该做的事情，那就是孝敬父母，学会如何生活。作为学生，就应该听从老师的建议和指导。作为孩子，就应该遵循家长的忠告和劝诫。这也是《大学》所讲的"为人君止于仁，为人臣止于敬，为人子止于孝，为人父止于慈，与国人交止于信"。试想,如果连自己应该做好的事情都没有做到,就侈谈什么理想,这如何可能呢? 在成才的道路上,我们要尽我们自己的本分,不要好高骛远,不要心不在焉,而应该踏踏实实,在人生的每个阶段都不虚度,才能为将来成为优秀人才打下坚实的基础。这种生活,是一种"积极的本分",而不是消极的逃避责任。

典故一

管宁割席

管宁、华歆共园中锄菜。见地有片金,管挥锄与瓦石不异,华捉而喜,窃见管神色乃掷去之。又尝同席读书,有乘轩服冕过门者,宁读如故,歆废书出观。宁割席分坐,曰:"子非吾友也。"

——刘义庆《世说新语·德行》

解读:故事中我们看到管宁和华歆形象分明的两人。华歆因为见到金子而抛弃了锄菜的义务,因为窗外的热闹而忘记了要读书的义务。管宁恰恰是相反,他总是把自己的本分做好,而不会心猿意马,忘记了自己的本职工作。当今时代,物欲横流,外界的各种事务琳琅满目,我们平静的内心时时有被外物吸引的危险。在学生时代,会遇到各种各样的人向你展示不学习、不读书的路多么美好,让你无心于学习。因此我们应该怎么样抵制外在诱惑做好自己的本职工作,是我们每个人都必须严肃思考的。我们要做日常生活中的管宁,抵制内心深处的华歆。

二、选择朋友

原文说:"有德者,年虽下于我,我必尊之;不肖者,年虽高于我,我必远之。"自己选择与自己做朋友的人,不以年龄为据,而是要看对方的德行。有德行的人,也许年龄比我们更小,我们自己不要觉得碍于面子而失去一个可以提升自己的朋友。有些年龄比我们大的人,如果他们德行上令人不齿,我们还是远离他们为好,否则我们自己也会受到影响。成长的道路上,一定要找对朋友,正所谓"近朱者赤,近墨者黑"。我们很容易受别人影响,无论是好的影响还是不好的影响,因此选择朋友尤其重要。有德行的人让我们变得有德行,正所谓"君子以朋友讲习""友以辅仁"。《论语》一开始就是"有朋自远方来,不亦乐乎",说明了朋友对于自己成长的重要性。《论语》中还有"三人行必有我师焉"这样脍炙人口的句子,都向我们昭示着朋友的重要性。

典故二

孟母三迁

孟子生有淑质,幼被慈母三迁之教。昔孟子少时,父早丧,母仉氏守节。居住之所近于墓,孟子学为丧葬躄踊痛哭之事。母曰:"此非所以处子也。"乃去,遂迁居市旁,孟子又嬉为贾人炫卖之事,母曰:"此又非所以处子也。"舍市,近于屠,学为买卖屠杀之事。母又曰:"是亦非所以处子矣。"继而迁于学官之旁。每月朔望,官员入文庙,行礼跪拜,揖让进退,孟子见了,一一习记。孟母曰:"此真可以处子也。"遂居于此。

——刘向《列女传卷一·母仪》

解读:孟母是中国古代伟大母亲的代表。孟母之所以为中国人所津津乐道,最重要的原因在于这位伟大的妇人对于孟子的教育。孟母认识到,一个人的环境跟他的成长有莫大的关系。一开始他们居住的地方距墓地很近,于是孟子天天学别人办丧事的样子。孟母意识到这不是孟子应该学习的东西,于是迁到集市旁边。孟子又学别人吆喝卖东西。迁到屠宰场附近,孟子学习屠宰之事。这些都不令孟母满意。直到他们住到了一所学校旁边,孟子学习揖让进退的礼仪,孟母才最终放心地住下来了。我们看到,有什么样的环境,就会造就什么样的人。朋友是我们成长过程之中最重要的环境。跟朋友在一起,可以看到我们身上的缺点,因为朋友的鼓励也更容易克服我们的缺点。我们在日常生活中当然会遇到各式各样的人,有沉溺于打游戏的,有不认真学习的,也有孝敬父母、品德高尚的,也有奸诈狡猾无法无天的。我们应该想清楚什么人适合做我们的朋友,因为这很大程度上决定了我们会成为什么样的人。

三、谦虚谨慎

原文说:"慎勿谈人之短,切莫矜己之长。"这是说,我们不要对别人品头评足、指指点点。这是要我们谨慎小心的意思。我们也不要夸耀自己的特长,不能有点小小的成绩或者才能就生怕全世界人不知道。这是要我们谦虚的意思。对别人的缺点谨慎,对自己的优点谦虚,说的都是一回事,即对于自己和别人的优缺点都保持谦虚谨慎的态度。《周易·谦卦》说:"谦谦君子,卑以自牧。"中国古代人是极其重视谦虚的品质的。王阳明也说:"人生大病,只是一'傲'字"。不要对别人指指点点,因为这样不仅仅有可能会伤害别人,而且会使自己难以发现自己身上的毛病。每个人都不是完美的,正所谓"金无足赤,人无完人",因此对待别人也需要宽容,不能以嘲笑的态度对待别人的短处。不要夸耀自己的长处,因为这样不仅仅会让别人认为你狂妄无礼,而且会让自己的心灵被蒙蔽,看不到自己的缺点。因此,谦虚谨慎是一种智慧。《老子》第四章写到:"大智若愚,大巧若拙,大音希声,大象无形。"这就是说,真正智慧的人绝不是夸夸其谈的人。在成长的道路上,如果看到了别人的短处,我们应该尽可能包容他人,否则很容易导致别人对自己的怨恨。如果看到了自己的长处,不妨低调一些,谦虚一些。正所谓"三人行,必有我师焉",正所谓"见贤思齐"。

典故三

杨修之死

杨德祖,即杨修,字德祖。丞相曹操主簿。好学,有俊才,为丞相曹操主簿,用事曹氏,但是恃才放旷。及操自平汉中,欲因讨刘备而不得进,欲守之又难为功,护军不知进止何依。操于是出教,唯曰"鸡肋"而已。外曹莫能晓,修独曰:"夫鸡肋,食之则无所得,弃之则如可惜,公归计决矣。"乃令外白稍严,操于此回师。修之几决,多有此类。修又尝出行,筹操有问外事,乃逆为答记,敕守舍儿:"若有令出,依次通之。"既而果然。如是者三,操怪其速,使廉之,知状,于此忌修。且以袁术之甥,虑为后患,遂因事杀之。

——《后汉书》

解读:杨修是非常有才能的。上面引的文字说的就是杨修能够很快知道曹操的心思,不过他有一个毛病,那就是喜欢炫耀自己的才能。除了上述的"鸡肋事件",还有著名的"阔字谜""合字谜"事件,都体现了杨修突出的才能。然而,他每每都在曹操面前表露出来,最终造成了杀身之祸。我们在成长的道路上,要学会韬光养晦,不仅仅是让别人不对自己感到厌恶,也让自己对自己保持清醒的头脑。现在社会最希望"出名需趁早",每个人都希望把自己的优点展现出来,充分展示自己的个性。但是却忘记了韬光养晦也是自身修养的重要方面。大家习惯了选秀节目的模式,即每个人充分亮出自己的优点,自夸之义不言自明。但是生活不是选秀,它是最真实而且最踏实的,它需要的是谦虚谨慎,而不是自我张扬。

四、随遇而安

原文说:"随所遇而安之。"在任何环境中都能够安定下来,是一种重要的品质。这需要我们能够冷静地对待自己的环境,不因环境的恶劣而心烦意乱。《大学》"定而后能静,静而后能安"正是这个意思。我们会遇到各种各样的处境,比如说家庭环境。家庭条件也许不好,每日粗茶淡饭,平时省吃俭用,但是我们的心情应该保持平静,安定在家庭生活中,并从内心生发出对于这种生活的爱。学校环境或许不怎么样,缺少高科技设备,课桌椅也不怎么漂亮,但是我们还是应该安定下来,不要抱怨。对于我们的成长来说,只有随遇而安,才可能使自己不焦躁,并把自己的心思放在正事上,放在自己的本位上。不能做到随遇而安,就会导致怨天尤人,而无法真正地做好自己的本职工作。孔子就是一个随遇而安的人。他无论遇到什么困难,都能够保持内心的平静。即使有一次他在宋国被军队围困,仍然弹琴自若。他形容自己是"不怨天,不尤人,下学上达"。他给我们树立了一个随遇而安的榜样。

典故四

孔颜之乐

子曰:"贤哉回也,一箪食,一瓢饮,在陋巷,人不堪其忧,回也不改其乐。贤哉回也。"

——《论语》

解读：颜回是孔子最喜欢的学生。他不但学识渊博,有智慧,而且品德高尚,有时甚至连孔子都自叹不如。《论语》这个条目记载的,是颜回的生活状况。他生活很简陋,朴素的饭菜就能够让他满足。他住在一个破旧的巷子,就连别人都对他清贫的生活感到担忧了,可是颜回自己却始终乐而忘忧。所以后来周敦颐在教育程颢、程颐二兄弟时,总是要问颜回的乐是因为什么。后世称颜回这种快乐为"孔颜之乐"。在我们看来,这种快乐的原因很大部分来自于他随遇而安。对于颜回来说,最重要的是道德的修养,学识的养成,对于吃穿不怎么计较。如果一个人对他的吃穿计较太多,他就难以有时间做正事了。对于成长中的人来说,必须要能够克服自己对于物质的过度依赖,回归到自己最初的梦想,这样才有可能真正地感到快乐。吃穿的奢侈导致的快乐只是低层次的。随遇而安,是一种人生的智慧,只有具有很高境界的人才能够达到。我们在日常生活之中肯定会见到很多相互攀比的同学,他们比谁家的房子大,谁父亲的官大,谁家有钱。对于我们普通人来说,只有安于自己的境况,才能够让自己心情平静地面对人与人之间物质上的差别。

五、隐恶扬善

原文说:"人有小过,含容而忍之;人有大过,以理而谕之。"又说:"人有恶,则掩之;人有善,则扬之。"这表达的是对别人的错误的态度。在我们成长的过程中,会遇到各种各样的人冒犯我们,做出各种错误的行径。《朱子家训》告诉我们,对于别人的小过错,我们要采取容忍的态度。对于别人的大错误,我们要晓之以理,动之以情,使别人能够看到自己的问题所在。这是解决问题的积极方法。此外,《朱子家训》还给我们规定了一个原则,那就是"隐恶扬善"。这个成语出自《中庸》:"舜好问而好察迩言,隐恶扬善。"他告诉我们,对于他人的错误,不要到处宣扬,不能让别人脸面无光。对于别人的善事,我们出于对他的尊重而宣扬出去,使得别人都对他进行赞扬。要做到隐恶扬善,是需要很大的胸襟的。能做到这些,是因为我们真心地站在他人的立场上,由衷地想他人之所想,知道他人不想要被所有人知道自己的错误,也想因为自己的善事而得到别人的肯定。反过来说,如果把别人的丑事都宣传出去,就会导致他备受打击,弄不好还会给自己树立一个敌人。隐恶扬善,是我们成长道路上必须学会的。

典故五
韩琦大度

韩琦为宋之重臣,甚有名。有戚赠玉盏一,云耕者入坏冢而得,表里无纤瑕可指,真至宝也。公以百金答之。后召显宦,特设一桌,覆以绣衣,置玉盏其上,且用其劝酒也。俄为一吏误触台倒,玉盏俱碎,坐客皆愕然。小吏伏地请罪。公神色不动,笑谓坐客曰:"物破亦有时。"顾谓小吏曰:"汝误也,非故也,何罪之有!"公之度量宽大如此。

解读:韩琦看到自己心爱的宝贝被打碎,丝毫没有责怪仆人,而是为他开脱责任,说这是他无意的。这需要很高的道德境界。一般人遇到这种情况,要么当场处罚仆人,要么事后跟别人说仆人的不是,做不到真正的隐恶扬善。我们要向韩琦学习,做到"人有恶,则掩之;人有善,则扬之"。我们现代社会似乎讲究睚眦必报,以牙还牙、以眼还眼,对于别人的错误不弃不饶,抓住别人的小辫子不肯松手。要么就是嫉妒心泛滥,生怕他人有什么好处让别人知道,因此隐藏起来。比如我们的同学有一次做了错事,拿走了学校的篮球,后来这位同学已经归还篮球而且早就道歉了。但是如果有人不分场合地宣扬这件事情,而且添油加醋,给别人造成重大的伤害,这就是不懂得隐恶扬善的道理。

六、克服私念

原文说:"勿损人而利己,勿妒贤而嫉能。勿称忿而报横逆,勿非礼而害物命。见不义之财勿取,遇合理之事则从。"它告诉我们,不要损人利己,嫉贤妒能,不能心生愤懑而报复他人。此外,也不要获取不义之财,不能抗逆合理之事。所有这一切,都是告诉人们不要存私念。所为私念,就是固执地以自己为中心,而不顾事情客观上正确与否。克服私念,就是要克服绝对的自我为中心的狭隘。这就是《论语》所谓的"毋意,毋必,毋固,毋我"。孔子又说:"克己复礼为仁。"朱熹说:"圣人千言万语只是教人存天理,灭人欲,""学者须是革尽人欲,复尽天理,方始为学。"(《朱子语类》卷四)问:"饮食之间,孰为天理,孰为人欲?"曰:"饮食者,天理也;要求美味,人欲也。"(《朱子语类》卷十三)我们经常会误解"存天理,灭人欲"的意思,以为朱子是在否定所有人的自然欲望。其实不然。"饮食者,天理也;要求美味,人欲也"正是告诉我们,过度追求自己的享受才是"人欲",也就是自私之心。损人利己,是因为想要获得自己的利益而忽略他人的利益。嫉贤妒能,是因为自己没有别人同样的优秀才能而心生嫉妒。报复之心也是由于感觉自己受到伤害而引起的,获取不义之财正是因为只顾着自己的喜好而不顾正义与否。所有这些问题,都与固着于"自己"相关。要想真正地成长,必须破除自己的私念,从根上认识到自己只不过是整个社会中的一员而已,体察到私念的困扰是自己难以提升的重要因素。只有克服私念,才能走出自己与他人、与社会隔绝的状态,才能以平静的心态面对这个世界。最后,克服私念需要客观地认清自己,明确自己的位置。只有正确地认识自己,才能够欣赏他人,融入社会。

典故六

负荆请罪

（相如）既罢归国，以相如功大，拜为上卿，位在廉颇之右。廉颇曰："我为赵将，有攻城野战之大功，而蔺相如徒以口舌为劳，而位居我上，且相如素贱人，吾羞，不忍为之下。"宣言曰："我见相如，必辱之。"相如闻，不肯与会。相如每朝时，常称病，不欲与廉颇争列。已而相如出，望见廉颇，相如引车避匿。于是舍人相与谏曰："臣所以去亲戚而事君者，徒慕君之高义也。今君与廉颇同列，廉君宣恶言而君畏匿之，恐惧殊甚，且庸人尚羞之，况于将相乎！臣等不肖，请辞去。"蔺相如固止之，曰："公之视廉将军孰与秦王？"曰："不若也。"相如曰："夫以秦王之威，而相如廷叱之，辱其群臣，相如虽驽，独畏廉将军哉？顾吾念之，强秦之所以不敢加兵于赵者，徒以吾两人在也。今两虎共斗，其势不俱生。吾所以为此者，以先国家之急而后私仇也。"廉颇闻之，肉袒负荆，因宾客至蔺相如门谢罪。曰："鄙贱之人，不知将军宽之至此也。"卒相与欢，为刎颈之交。

——《史记·廉颇蔺相如列传》

解读：这个耳熟能详的故事告诉我们，只有去除自己的私念，摆正自己的位置，才能够与他人处于和谐之中。这一点，廉颇给我们做出了榜样。在成长的过程之中，必须要客观地对待自己，不要把自己作为绝对的标准去对待一切，才能够让自己的心智真正成熟起来。现在的孩子都是家里的小皇帝、小公主，父母一有不顺自己的意，很多孩子就生闷气、不理父母，甚至咒骂父母。他们把自己当作宇宙的中心，当然会看不到自己的任性。无论什么时候，都要知道，以自己为中心的私念会蒙蔽自己的心灵。

七、不断学习

原文说："诗书不可不读,礼义不可不知,子孙不可不教。"《朱子家训》告诉我们,成长过程中,必须学会不断地学习。"诗书不可不读"是指文化知识不能忽略,"礼义不可不知"是指为人处世的道理不能不学。因此,我们不仅仅要学习文化知识,也要懂得为人处世的道理。人非生而知之者,就算是圣人,也是要学习的。孔子就说:"十室之邑,必有忠信如丘者焉,不如丘之好学也。"《论语》一开始就说:"学而时习之,不亦说乎。"孔子这样伟大的人正是通过学习而达到的。《三字经》是古代的启蒙读物,它教导孩子们:"玉不琢,不成器。人不学,不知义。"在成长过程中,必须树立学习的观念,否则就很容易固步自封,跟不上时代的潮流。在学校里,不仅仅要学习课本知识,也要学习为人处世的道理。一个真正优秀的人,除了学习成绩好之外,他也必须是一位善于与人相处的人。我们自己佩服的主要也不仅仅是学习好的人,而是德行优秀的人。

典故七

欧阳修"三上"

钱思公虽生长富贵,而少所嗜好。在西洛时尝语僚属言:"平生惟好读书,坐则读经史,卧则读小说,上厕则阅小辞,盖未尝顷刻释卷也。"谢希深亦言:"宋公垂同在史院,每走厕,必挟书以往,讽诵之声,琅然闻于远近,其笃学如此。"余因谓希深曰:"余平生所作文章,多在三上,乃马上、枕上、厕上也。盖惟此尤可以属思尔。"

——欧阳修《归田录》

　　解读:欧阳修是宋代的大文豪,学习对他来说是日常便饭。欧阳修平时做官,有很多事需要处理,但却不能阻止他学习的热情。他所作的文章,也多是在"马上、厕上、枕上"构思完成的。我们总会抱怨时间不够多,却没有发现我们浪费的时间太多。抓紧时间,抓住机会,努力学习,才是成长的秘诀。我们也强调,学习不仅仅限于学校或者书本,而是我们整个生命的过程。比如,我们要学会孝敬父母,学会如何跟他人相处,学会如何请求别人,这些东西都需要慢慢地学习,是活到老学到老的。因此,当父母让我们独立地完成事情的时候,千万不要抱怨,这是父母在给我们锻炼的机会,让我们成长。因此,当自己遇到任何困难的时候,也不要放弃,这也是一次让自己成长的机会,正所谓"艰难困苦,玉汝于成"。

第三节　成才有道——来自《朱子家训》的奥义

　　就着《朱子家训》的文本,我们看到了成长道路上需要做到:尽其本分、选择朋友、谦虚谨慎、随遇而安、隐恶扬善、克服私念、不断学习。现在我们把视野从《朱子家训》引申开去,遥望古圣先贤,体验当下社会,我们会得到更多的、更加丰富的成长之道。

一、立乎其大者

　　什么是成才?面对这个问题,不同的时代不同的人处于不同的人生阶段都会有不同的答案。考取名校,获得一份好的工作,拥有可观的收入,在某一领域内取得令人瞩目的成就……这是现在我们惯有的思路。然而,朱熹那个时代的思想家们对此却有不同的认识。周敦颐在《通书》里写到:"圣希天,贤希圣,士希贤。"圣人希望学习真正的天道,贤人希望学习圣人的言行,一般士人希望学习贤人的品格,彼时的士人以成圣成贤为自己的人生目标。周敦颐要求他的学生"志伊尹之所志,学颜子之所学",也就是儒家常讲的"内圣外王"之学。内圣外王,就是内在高尚的道德素质与外在优异的实际才干相结合,是最理想的人格。张载更是提出了"为天地立心,为生民立命,为往圣继绝学,为万世开太平"的人生理想,激励了后代无数士人。在他们看来,成才并不是拥有赚钱的本领,或取得高位重权,也不是成为某一个学科领域内的尖端人才,而是要向圣贤学习,怀仁爱之心,兼济天下,成为一个拥有广阔胸怀的"大人"。孟子有云:"先立乎其大者。"宋代的陆象山也非常推崇这句话,常常以此教育学生,以致被人批评除了一句"先立乎其大之外别无伎俩"。然而象山对此并不介怀,因为在他看来,这确实是学者为学首先要做到的事情。不能立乎大者,难免变得狭隘。只为赚钱而经商的人一般成不了大气候,真正成功的企业家往往是那些立志改变社会的人。儒家一贯主张,要有远大的志向并且身体力行才能成就伟大事业。张载说:"志大则才大、事业大","志不大则易足,易足则无由进","人若志趣不远,心不在焉,虽学无成"。(《横渠理窟》中《大学原》《义理》《正蒙·中正》)王阳明也说:"志不立,天下无可成之事","志不立,如无舵之舟,无御之马……"(《训俗遗规》)

以成圣成贤作为成才的目标并非好高骛远,不切实际。首先,先儒们强调的是不拘泥于个人的成败得失,不埋首故纸堆,目光短浅,而要拥有广阔的视野,对人生宇宙的重大问题有深切的关怀,勇于承担起自己对于这个时代、这个社会的责任。所谓立志,不必是非常具体的东西,例如成为科学家、艺术家,拿到大奖,获得高位之类;心之所指是为志,它可以只是心灵所向往的一个方向,即你认为什么样的人生是你想要过的,什么样的人生是值得过的。立乎大者,才能拥有坚定的意志和不竭的动力,面对生活中的挫折困难不会轻易退缩低头。立乎大者,才能不被社会中的虚名浮利迷惑头脑,不会贪图一时的安逸。庄子也说:"道隐于小成,言隐于荣华。"生活中充斥着太多干扰信息,有太多岔路引诱人迷失方向。心中有志,明白自己将要去往何方,明白自己真正应该追求的是什么,才能不被感性欲望所迷惑,不被琐碎的小事消磨意志,笃定地朝着一个方向前行。

对于如何成圣成贤,先儒们已经提出了一套进德修业的办法,教导人们如何一步步去做,并非空谈幻想。这一点在朱熹的白鹿洞书院学规中有明显表现:"熹窃观古昔圣贤所以教人为学之意,莫非使之讲明义理,以修其身,然后推以及人,非徒欲其务记览、为词章,以钓声名、取利禄而已也。"在朱熹看来,求学问的目的不是记诵词章、沽名钓誉,而是明礼修身,然后推己及人。通观整部《朱子家训》,就是教人明礼修身之道,这是迈向成才的第一步,如果人能学会了这些,就可以进一步推己及人,齐家治国平天下。当然,在当今社会,职业分工明确,并不是要每一个人都要去当主席治理国家才算成才。同样的处境可以有不同的心境,同样的职业也可以做出不同的成就。怀有"大心"的人,如果做医生就一定会关心患者,精研医术,力图为更多的人解除疾病的痛苦;如果做老师就一定会以身作则,传道授业,帮助学生成长;如果做科研就一定会关注社会需求,关注人类发展,锐意进取,寻求突破;如果经商就一定会正直诚信,童叟无欺,并且用自己的力量改变社会现状……这样的人不管处于哪个行业中,都不会贪图安逸,浑浑噩噩,即是所谓"匹夫不可夺志"。

二、修身为本

当今时代,网络发达,信息爆炸,一些小的个案会被无限放大,世界各地的信息又汇集在一起,令人应接不暇,一夜成名的戏码不断上演,每个人都感受着来自外界社会的巨大压力。随着这种焦虑紧迫的气氛时时伴行,我们急于做出一些成绩来证明自己,急于往自己身上也贴上光鲜亮丽的标签。对于孩子们的教育亦是如此,"不要让孩子输在起跑线上"成为近年来非常流行的说法。于是,各色各样的培训班、补习班层出不穷,孩子们放学后还要学画画、学书法、学钢琴、学奥数、学英语……一样都不能少。更有甚者,随着胎教的普及,这"起跑线"已经追溯到了出生之前。诚然,培养孩子们的兴趣爱好对于他们的成长是非常有益的,教育要从小开始更是绝无异议,但是如果只是关注专业技能的学习,只考虑一时的攀比就未免落于下乘。

朱熹也认为教育要从小抓起,但他所说的教育与今天专注专业技能培养的教育完全不同。他在《大学章句序》里写道:"三代之隆,其法寝备,然后王宫、国都以及闾巷,莫不有学。人生八岁,则自王公以下,至于庶人之子弟,皆入小学,而教之以洒扫、应对、进退之节,礼乐、射御、书数之文;及其十有五年,自天子之元子、众子,以至公、卿、大夫、元士之适子,与凡民之俊秀,皆入大学,而教之以穷理、正心、修己、治人之道。"在夏、商、周三代兴隆时,大学、小学各种学校设施都很完备。8岁的孩子,自王公、大官以下至于老百姓的子弟,都进入小学学习。小学教学的内容是:待人接物的礼节、礼乐和算术等文化知识,同时进行骑射等体育锻炼。待孩子长到15岁,自君王可继位的太子及其他儿子,以及公侯、大臣、官员之正妻所生的儿子,与老百姓中的优秀子弟,都进入大学。教学的内容是政治学,教学的目的是使受教者正心、修己,并掌握治人之道。这样一个教育过程,是朱熹心目中完美的教育模式。

观察朱子推崇的教育模式,除了文化知识的学习,更关注修身之道。正如《家训》中所言,"诗书不可不读,礼义不可不知",而其中一句句谆谆教诲,几乎都是在说怎样待人接物,怎样明礼修身,怎样做人。初看这些似乎与成才无关,实则相当紧要。要想成才,先要"成人"。真正的成才是无法简单量化的,更不可速成。就像盖房子,先把根基打牢,建筑才能稳固。而要想成才,也得先把为人的根基打牢。不"成人",没有一个健全的人格,纵使能取得一时的耀眼成绩,也如无本之木,无源之水,不能长久。因此,如何建立一个健全的人格才是我们首先要考虑的。"成人"的根基是什么,就是修身。《大学》里的三纲领八条目,中心点恰恰是修身:"古之欲明德于天下者,先治其国;欲治其国者,先齐其家;欲齐其家者,先修其身;欲修其身者,先正其心;欲正其心者,先诚其意;欲诚其意者,先致其知;致知在格物。物格而后知至,知至而后意诚,意诚而后心正,心正而后身修,身修而后家齐,家齐而后国治,国治而后天下平。故自天子以至于庶人,壹是皆以修身为本。"《朱子语类》亦云:"问:'《大学》一书皆以修身为本,正心、诚意、致知、格物皆是修身内事。'曰:'此四者成就那修身,修身推出做许多事情。'"(《朱子语类》卷十四)又有,"亚夫问《大学》大意。曰:'《大学》是修身治人的规模,如人起屋相似,须先打个地盘,地盘既成,则可举而行之矣。'"(《朱子语类》卷十四)朱熹认为,《大学》是修身治人的规模和基础,正心、诚意、致知、格物都是修身的步骤,由修身推广开去能成就许多事情。故观整部《朱子家训》,讲的也不过是修身做人之道。

因此,要想成才,首先要做一个堂堂正正的人。可惜现在的教育常常拘泥于专业技艺的培训,过于关注智力的开发,忽视了品德的培养。有些孩子成绩很优秀,却不懂得基本的洒扫应对进退之节;或者一旦面对打击挫折,就心灰意冷,无法承受;更有一些所谓的名人做出许多不堪的事情。这样,纵使可以取得一些成绩,也决计走不长远,终有一天会毁在自己手里。相反,只有立德修身,拥有一个健全的人格,才能在面对学习生活事业上的种种问题时,理智成熟地应对,明白该如何取舍。成才之道,一定不是坦途,也不是百米跑道,"路漫漫其修远兮",最初走的快慢并不是那么重要,摔倒也好,暂时落后也好,重要的是锻炼好自己的体魄和坚韧不拔的意志,才能到达常人到不了的地方。

三、安分知礼

中国社会是一个伦理本位的社会,非常看重人与人之间的关系。人都是处在社会中的,也就无时无刻不处在与他人的关系之中,在不同的关系里我们有不同的身份,可以说就是这些身份综合起来构成了这个整体的我。因此,要想修身,就要明白自己在这不同的身份中该有怎样的品德。《家训》开篇讲:"君之所贵者,仁也。臣之所贵者,忠也。父之所贵者,慈也。子之所贵者,孝也。兄之所贵者,友也。弟之所贵者,恭也。夫之所贵者,和也。妇之所贵者,柔也。事师长贵乎礼也,交朋友贵乎信也。"这就为每个人的修身之业勾勒了一个大框架,也是对每个人的基本要求。《白鹿洞书院学规》里开头部分与之类似,"父子有亲,君臣有义,夫妇有别,长幼有序,朋友有信",可见在朱熹眼里这些品德是多么重要。人要先明白自己的本位,做好自己的本分,行有余力,再言及其他。如果连在父母兄弟间该尽的义务都尽不到,却侈谈什么雄心壮志,实在是可笑。儒家认为,这些道德要求并不是强加到人身上的,而是人顺应天命的做法,如果能这么做,那么连天也会来相助。"守我之分者,礼也;听我之命者,天也。人能如是,天必相之。"每个人尽本分去做才符合"礼"的标准,这样做也就完成天地万物赋予我们的使命,顺乎"天命"的道理法则。孔子在回顾自己的人生历程时曾说,"吾十有五而志于学,三十而立",现代人常因此把三十岁称为而立之年。什么是"而立",怎么才算"立"?很多人理解的"立"就是成家立业,有一定的物质基础,取得事业上的成就。然而孔子所谓的立乃是"立于礼"之意,"尝独立,鲤趋而过庭。曰:'学《诗》乎?'对曰:'未也。''不学《诗》,无以言。'鲤退而学《诗》。他日,又独立,鲤趋而过庭。曰:'学"礼"乎?'对曰:'未也。''不学"礼",无以立。'鲤退而学"礼",闻斯二者。"(《论语·尧曰》)这是孔子对孔鲤的教导,明确提出"不学礼,无以立",可见孔子对"礼"是十分重视的。这个"礼"就是个人立身处世的基本行为准则、礼仪规范。朱熹在此注曰:"礼以恭敬辞逊为本,而有节文度数之详,可以固人肌肤之会,筋骸之束。故学者之中,所以能卓然自立,而不为事物之所摇夺者,必于此而得之。"礼的具体实施有着很详细的规范,可以约束人的身体行为。而只有一个人的行为能得到规范和约束,才能卓然自立,形成自己的独立人格而不为外物所动摇。

初看起来,安分知礼似乎与成才毫不相干。成才不应该是一种积极进取、奋发向上的精神吗? 其实二者并不相悖。安分的精神告诉我们应该时时提醒自己所处的位置,时时检视自己的状态是否合适,是否做了自己该做的事情。知识浩如烟海,行业分工细致,不可能有百科全书式的学者,也不可能有精通各行各业的完人。我们的精力毕竟有限,如何让它发挥更大的作用? 答案莫过于专注。任何领域内要想获得较高的成就,都需要经过一个长时间的积累过程,需要耗费大量的精力。可惜,有的人总是不能安于自己的本位,不知道自己最想做最该做的是什么,四处张望,结果在每一件事上投入的精力都不够,因此每一件事都做得不尽如人意。相反有的人虽然智力上一般,但是有一种笃定的信念,选好目标就专心致志地朝着一个方向努力,经过长时间的积累,渐渐就会脱颖而出。所以要想成才,我们就需要明白自己所处的位置,明白该用心专注的是什么,明白该如何分配自己的精力,这样才能事半功倍。而知礼就如上文所说,可以帮助我们形成独立人格,不为外物所动摇,这也是成才路上非常重要的一步。

四、尊贤远佞,见贤思齐

我们经常会说,要想了解一个人,不妨看他周围的朋友。物以类聚,人以群分,从一个人的朋友圈可以看出他本人的品性才能,而从一个人尊敬什么样的人可以看出他所欣赏或想要成为怎样的人。与优秀的人交往也会使你变得优秀,向德高的人学习也会使你拥有高尚的品德。所以,《家训》里说,"有德者,年虽下于我,我必尊之;不肖者,年虽高于我,我必远之"。有德的人,不管年纪大小,我都要尊敬他;无德的人,就算是比我年长,也要远离。

生活中我们有不同的身份,评价一个人也就有不同的维度,年龄、地位、财富、知识、能力、德行等不一而足。那么评判一个人高下的核心标准是什么,朱熹认为,这个核心标准就是"德"。年龄、地位、财富、权力等都不能成为评判一个人的决定因素。孔子有弟子3000人,贤者72人,这么多人愿意师从孔子,即使在他"惶惶然如丧家之犬"的时候也有一众弟子始终追随,就是因为他有德;子贡出身名门,有财又有位,却对无财无位的孔子无比尊敬,当别人诋毁孔子时,他说,"仲尼不可毁也。他人之贤者,丘陵也,犹可逾也;仲尼,日月也,无得而逾焉。人虽欲自绝,其何伤于日月乎?多见其不知量也"。(《论语·子张》)而有一些人或年长、或位高,却无才德,这样的人你去亲近他,或许有一时之利,长久看来必会导致对自身品德乃至心灵的伤害。

人的性格养成有两方面因素,一是基因,二是环境,基因不可控制,环境却是可改变可选择的。"近朱者赤,近墨者黑"这句话可算是耳熟能详。《孔子家语》中也有类似的说法,孔子说:"与善人居,如入芝兰之室,久而不闻其香,即与之化矣;与不善人居,如入鲍鱼之肆,久而不闻其臭,亦与之化矣。"就是说跟善良正直的人在一起生活,就好像进了有着清醇花香的地方,时间久了就闻不到花香了,这是因为自己已经完全融入了,跟那位善良正直的朋友一样,连自己也变得善良正直起来了;反之,跟不善的人在一起,就如同走入出售鲍鱼的商店里,时间久了,也不觉得臭了,因为也被它同化了。潜移默化的力量是十分强大的,所以有上文提到的"孟母三迁"。虽然周围的人并不都会与你直接发生交往,但耳濡目染,他们的品格心性所作所为还是会在你的心灵上留下痕迹,变化你的气质,因此择之不可不慎。至于直接交往的师长朋友,那就更得慎之又慎了。如果每天相处的是一些不肖之徒,谈论的自然也是奸邪之事,还想保持自己的良好品性绝非易事,时间久了难免与他们同流合污。

选择了优秀的朋友师长,就要向他们学习,"见贤思齐"。孔子认为,对于知识,有生而知之者,有学而知之者,有困而知之者。"生而知之者,上也;学而知之者,次也;困而知之者,又其次也;困而不学,民斯为下"。(《论语·季氏》)虽然有所谓的"生而知之者",但连孔老夫子自己都承认需要学习:"我非生而知之者,好古,敏以求之者。"(《论语·述而》),我们又怎么能不学而知。韩愈在《师说》里有言:"生乎吾前,其闻道也故先乎吾,吾从而师之;生乎吾后,其闻道也亦先乎吾,吾从而师之。吾师道也,夫庸知其年之先后生于吾乎?"年纪比我大的,闻道比我早,我要向他学习;年纪比我小的,如果闻道比我早,我也要向他学习。我真正要学习的是"道",何必在乎传道者年纪的大小呢?成才之路是一条向上的路,我们必须不断地向比我们优秀的人学习,千万不能因为对人的偏见而错失成长的机会。

此外,我们必须认识到,现在不是一个单枪匹马就可以成就大事的时代。要想有所作为,除了提高自己的能力,还必须借助他人的力量,团队合作是必不可少的。企业商业自不必说,任何一个大的项目都不是一个人可以完成的;就算是做学术,也需要有一个可以切磋交流的圈子,才能相互刺激进步。倘若只满足于一人之温饱,也许不那么困难;然而,愈是志向高远,就愈是前路艰险,也就愈需要寻求志同道合之人,相互砥砺,共同为着那个远大的志向而奋斗。故而周公之贤,还要"一沐三握发,一饭三吐哺",唯恐失去天下之贤人。当然,团队中光有贤人还不够,也要注意排除那些不肖之人。如果一个人没有与你们共同的价值观,不能认可你们为之努力奋斗的理想追求,那么只会降低你们做事的效率；如果他够有蛊惑性，说不定还会削弱整个团队的斗志，造成更加严重的后果。

五、谦逊自律，宽以待人

现实中我们必须认识到的一个事实是，每一个人都是不完美的，每一个人的能力都是有局限的，差别不过在于，普通人只在一两个方面显露才华，天才却可以在若干个领域内取得成就，但终究不可能样样精通。不论天资如何，我们都是有欠缺的，都是需要学习成长的。因此《家训》中教导，"慎勿谈人之短，切莫矜己之长"。他人固然有短处，你又何尝没有，当你企图去谈论别人的短处时，不如好好想自己有什么欠缺，需不需要纠正什么错误。想明白后，就不会觉得自己有什么优越感可以去嘲笑别人了。"静坐常思己过，闲谈莫论人非。"爱"论人非"的人是愚蠢的，因为若不会反躬自省，也就错失了提升自我的机会，而且给他人留下极其不好的印象。那么，我们应该怎么做呢？朱熹说："人有小过，含容而忍之；人有大过，以理而谕之。"别人有小的过失，就容忍一下吧，不要太苛责，毕竟人非圣贤；若是有大的过失，就给他讲明道理，帮助他改正，不要幸灾乐祸。宽容地对待别人，不是讨巧，而是基于对自我的清醒认知，明白自己能力的界限，也就不会对别人苛刻。仅仅这样还是不够的，朱熹又说，"人有恶，则掩之；人有善，则扬之"，"仇者以义解之，怨者以直报之"。隐恶扬善，以直报怨，其实这时候你在做的已经不只是关注自己的修身成才，同时也在关注别人的成长。所以要这么做，不是虚伪，而是为了给大家一个更好的环境，让那些光明笃实的美好品质得到发扬，让那些阴暗鄙陋的东西不要影响到别人。真正的成才不是排他性的，不是通过贬低排挤他人使自己显得成功，而是愿意与他人一同成长，甚至帮助他人成长。当你把目光从自己身上移开，开始关注他人的时候，恰恰说明你自己的能力已经达到了一个较高的位置。

对别人要宽容，对自己却马虎不得。水满则溢，月满则亏，自矜者必自满，自满者易固步自封，一旦固步自封就离失败不远了。老子曾有言："不自见，故明；不自是，故彰；不自伐，故有功；不自矜，故长。"（《道德经》第二十二章）一个人不自我表现，反而能显得与众不同；一个人不自以为是，反而会超出众人；一个人不自夸，反而会赢得成功；一个人不自我矜持，反而能长久。这四不其实就是要我们学会谦逊，谦逊就是不自满，心中要是"虚"的，心中有虚空，才能放进新的东西，才能成长。孔子说："三人行，必有我师。"因为人各有所长，"闻道有先后，术业有专攻"，一定会有很多在某方面比你强、可以做你的老师的人。此时我们正确的态度就是"择其善者而从之，其不善者而改之"，虚心学习，千万不可妒贤嫉能。此外，《家训》里还告诫我们"勿损人而利己"，"勿称忿而报横逆，勿非礼而害物命"，"见不义之财勿取"，要我们严格要求自己，不可让自己的内心变得阴暗狭隘。心灵不仅需要有虚空，还要有阳光。其实很多时候，我们只要观一人之气度便可以想见他能成就多大的事业。光明磊落之人心境开阔，前景亦广阔，而心底偏狭之人则往往成不了什么气候。为了一己私利伤害别人，见不义之财而取之，非礼而害物命等等，这些行为不仅是不道德的，也会使你失去朋友的信任和支持，渐渐沦落至孤家寡人的境地。

从小我们就生活在比较中，各种考试排名使学生之间形成一种竞争关系。事实上，成才的机会有很多，成才的道路也各不相同，人与人之间并不是狭路相逢。把身边的人看做对手，非要争个你死我活，殊无必要。更重要的是，成才这件事应该是建设性的而非破坏性的，如果总把心思用在一些破坏性的事情上，难免会使你的人生偏离正轨，不能建立大的人生格局，更不能取得积极向上的成就。如果你把自己封闭在一个阴暗的角落里，就只能自怜自艾了。只有虚怀若谷的人才能不存偏见,做到"遇合理之事则从","处世无私仇,治家无私法",也只有这样,才能抱着一种开放的态度应事接物,从而汲取更多的营养。我们要明白,"鹤立鸡群"并不值得炫耀,共赢才是真正的智慧。"己欲立则立人,己欲达则达人",每个人都渴望成才,如果大家都能以己之心度彼之腹,理解他人类似的心情,不管在学习还是工作中,都互相帮助互相支持,就可以让大家现有的资源充分地发挥作用,形成一种良性循环,这无疑是非常有利的。

六、日用常行,笃行不倦

明白了以上方法之后,更重要的是要把它们融入日常生活当中,时时修养,笃行而不倦。《家训》中说:"此乃日用常行之道,若衣服之于身体,饮食之于口腹,不可一日无也,可不慎哉!"这些教训都不是一时之事,也不是要在日常生活之外单独用功,它们就是你随时要用到常常在实践的道理,就像衣服对于身体、饮食对于口腹般不可或缺,因此不可不谨慎对待。这一方面说明了修身之道就在日常小事之中,绝非好高骛远;另一方面也提醒我们,必须时时用心,不可一曝十寒,或者流于纸上谈兵。

孔子曾经说过,君子应该"无终食之间违仁,造次必于是,颠沛必于是"。真正的君子没有哪个时刻会失去仁爱之心,无论是情急慌乱之时,还是穷困流浪之时,均会执着于仁。学习修身也是如此,不论在什么时候,处在何种境况之下,都不可倦怠。荀子也非常看重这种身体力行、须臾不离的学习方法。他说,"吾尝终日而思矣,不如须臾之所学也"(《荀子·劝学》)。"学不可以已。……君子博学而日参省乎己,则知明而行无过矣。"(《荀子·劝学》)"不闻不若闻之,闻之不若见之,见之不若知之,知之不若行之。学至于行之而止矣。行之,明也,明之为圣人……见之而不知,虽识必妄;知之而不行,虽敦必困。"(《荀子·儒效》)任何道理都只有把它落实到自己的行为上,落实到日常生活之中,才能真正内化为自己的东西。也只有内化为我们自己的品质之后,它才能发挥作用,帮助我们在人生的道路上走得更加笃实坚定。

不独《家训》,朱熹曾在多处强调要把修身落实到具体的应事接物上,在日常生活中践行所学。他说:"须修身齐家以下乃可谓之笃行耳。日用之间且更力加持守而体察事理,勿使虚度光阴,乃是为学表里之实。近至浙中,见学者工夫议论多靠一边,殊可虑耳。"(《晦庵集》卷五十一,《答黄子耕》)"学不要穷高极远,只言行上检点便实。今人论道,只论理,不论事;只说心,不说身。其说至高,而荡然无存,流于空虚异端之归。""世俗之学所以与圣贤不同者,亦不难见。圣贤直是真个去做,说正心直要心正,说诚意直要意诚,修身、齐家皆非空言。今之学者说正心但将正心吟咏一饷,说诚意又将诚意吟咏一饷,说修身又将圣贤许多说修身处讽诵而已,或掇拾言语,缀缉时文,如此为学,却于自家身上有何交涉,这里须用着意理会。"(《朱子语类》卷八)"或问:正心修身莫有浅深否? 曰:正心是就心上说,修身是就应事接物上说那事。"(《朱子语类》卷十五)他认为,世俗之人与圣贤的区别就在于,圣贤是"真个去做"的,而不是空发议论,空喊口号。学习了敬长爱幼,你是否还会在生活中对父母疾言厉色,你是否能做到即使与父母有不同意见时也能保持尊敬与他们交谈? 学习了"慎勿谈人之短,切莫矜己之长",你是否还会嘲笑别人的短处,是否还会对自己的小成绩沾沾自喜,夸赞不已? 学习了"勿以善小而不为,勿以恶小而为之",你是否真的能做到在每一件小事上贯彻这样的德行? 孔子所以能做到"从心所欲不逾矩",正是因为他已经把礼的要求内化到了自己体内,一切皆是由心而发,一切皆符合礼的规范。

那些取得伟大成就的人,都是在平时就严格要求自己,并且几十年如一日地坚持着的人。固然不能说这些细节使他们获得了成功，但正是这些细节为他们的成功奠定了基础。如果只把勤奋挂在嘴边，平时总是懒懒散散，怎么能相信你在做科研时就能潜心钻研；如果只把友善挂在嘴边，平时待人却不真诚，怎么能相信你进了公司后能与他人相处融洽；如果只把孝敬挂在嘴边，平时却常常不考虑父母的感受，怎么能相信你会真诚地尊敬师长。我们都明白，成才之道并不轻松，需要一步一个脚印扎扎实实地走过来，切不可抱有侥幸心理，企图蒙混过关。学习知识时，该读的书该做的实验该练习的技能不可偷工减料；工作时，该完成的任务该下的功夫更不能自欺欺人。只是眼中看过，口中念过，心中想过，却没有在手上行过，终究不能真正地掌握这种知识技能，不能真正明白这个道理，日积月累，那些被你忽略的东西都会成为你的短板，阻碍你更好地发展。因此，成才之道，贵在笃行不倦。

第五章 《曾国藩家书》与成才之道

第一节 经典释名——曾国藩和《曾国藩家书》

曾国藩(1811—1872),汉族,字伯函,号涤生,"宗圣"曾子七十世孙。清代著名政治家、军事家、文学家,中兴名臣之一。与胡林翼并称"曾胡",与李鸿章、左宗棠、张之洞并称"晚清四大名臣",官至两江总督、直隶总督、武英殿大学士,封一等毅勇侯,谥曰"文正"。

曾国藩自幼好学,5 岁启蒙,6 岁入塾读书,8 岁便可读四书、诵五经,14 岁能读《周礼》《史记》。因勤奋好学,曾国藩于道光十八年(1838)中进士,入翰林院,为军机大臣穆彰阿门生。后累迁内阁学士,礼部侍郎,署兵、工、刑、吏部侍郎。因一生奉行"为政以耐烦为第一要义",始终秉持勤俭廉劳、修身律己、礼治为先、读书明理等内在修为,使得曾国藩对清王朝的政治、军事、文化、经济等各方面均产生了深远影响,并获得了巨大的成功。

在文学方面,曾国藩继承方苞、姚鼐的"桐城派古文"风格,而又有所变革、发展,形成了独具特色的"湘乡派"一脉,并成为"湖湘文化"的代表,还对清末民初严复、林纾、谭嗣同、梁启超等人的文风形成了直接的理论影响。曾国藩一生著述颇多,其《求阙斋文集》《诗集》《读书录》《日记》《奏议》《家书》以及《经史百家杂钞》《十八家诗钞》等均有传于世,且影响深远。这其中,尤以"曾氏家书"流传最广,影响最大。

《曾国藩家书》是曾国藩在戎马倥偬、公务繁忙之余,写给家人子弟的书信,主要记录了清道光三十年至同治十年前后曾国藩与祖父、父母、叔父、兄弟、子女的生活交往,在上自祖父母下及儿女的往来告诫中,不仅体现了其为人处世、交友识人、持家教子、治军从政的思想理念,更生动反映了曾国藩一生为政、治家与为学的愿景。曾国藩家书是历史上家书保存最为完整的谱系之一。在体例上,家书共分修身、劝学、治家、理财、交友、为政、用人、养生、军事等部类,其中其家庭教育思想,主要体现在写给儿子纪泽、纪鸿以及诸弟的家书中。曾氏家族,向来治家极严,也很有章法。曾国藩受家风熏陶,对子弟也要求极严,并谆谆加以教诲。他的家庭教育指导思想中,有许多可取之处。诸如在教子弟为学、为人以及勤俭、自立、有恒、修身等方面,都继承和发扬了中华民族勤廉孝悌等传统美德。

在语言形式上,《曾国藩家书》恭肃谨严而又形式自由、活泼生动,在镇定从容中饱蘸哲理,在日常生活的随感而发中言传身教,真可谓是平淡家常中孕育真知良言,点点滴滴中透射真情至爱,极具说服力与感召力。

在结构体例上,《曾国藩家书》同样严谨恭肃,各部分皆有章法可循,极具纪律性。其篇章各基本要素主要包含如下:

1.称谓语及提称语。对收信人的尊称以及称谓后的提称,这在父母兄弟及儿辈上又有不同,对祖父母及父母可谓毕恭毕敬,而对叔父、弟弟及妻子则稍显随意,但对儿子则是告诫施令。如:

对祖父母,通常曰"孙男国藩跪祖父母大人万福金安";对父母,通常曰"男国藩跪禀父母亲大人万福金安"或"男国藩跪禀父母亲大人膝下";对叔父,曰"侄国藩谨禀叔父母大人礼安",一律用"禀"字;对弟弟,曰"诸位贤弟足下""四位老弟左右""澄候四弟左右",等等;对儿子,曰"字谕纪泽儿""字谕纪鸿儿",一律用"谕"字;对侄子,曰"字寄纪瑞侄左右",用"寄"字。

2. 启辞。说明写信缘由或作寒暄语,如"腊月初六接弟来信,知已平安到家,慰幸无已!"

3. 正文。对祖父母、父母、叔父长辈主要是报平安;对弟弟则是提请为人处事法则、探讨交流学习心得并提出某些为人为学方面的批评意见;对儿子则主要是告诫教育。

4. 结语。收束全文,如"敬禀一二""国藩手草""余容后禀",等等。

5. 祝辞。书信结尾祝愿或勉慰语,如"余容续禀,即禀祖父母大人万福金安""谨禀父母亲大人万福金安""即候近祺""顺问近好""切切此谕",等等。

6. 署名。结尾自称,如"孙跪禀""男谨禀""侄谨禀""国藩谨禀",等等。

尽管曾氏留传下来的著作太少,但仅就一部家书中可以体现他的学识造诣和道德修养。曾国藩作为清代著名的理学家、文学家,对书信格式极为讲究,显示了他恭肃、严谨的作风。

在思想内容上,《曾国藩家书》涵盖修身、劝学、治家、理财、交友、为政、用人、养生、军事等各方面,言简意赅而精深至理。如:"修身篇"致力于在进德修业、自立自强、息心忍耐诸方面内在修为的锻造;"劝学篇"致力于对诸弟写字养神、读书立志、学业精进的劝导;"治家篇"主张勤俭持家、睦邻友好、读书明理,希望子孙后代兢兢业业、努力治学;"理财篇"集中提出曾氏节衣缩食、乐善好施的品性;"交友篇"中曾国藩立主拜师专一、勤加往来并需患难与共,切勿占人便宜;用人方面曾国藩注重人尽其才,不仅自己求才不遗余力,还乐意为他人举荐人才;曾氏的养生思想同样独到,他竭力提倡戒酒、早起、勤洗脚、保养之法不在多服药,宜自养自医、顺其自然为主;曾国藩的治军思想也着重强调"人"字,认为治军之道在于用人,要"多用活兵,少用呆兵",人才决定一切。

可以说,作为中国近代重要历史人物,"晚清第一名臣"之曾国藩,通过整肃政风、倡学西洋,开启同治中兴,可谓居功至伟。而这些政治、军事、经济等哲学思想均高度融合并渗入体现到其"家书"之中。梁启超高度评价曰:"岂惟近代,盖有史以来不一二睹之大人也已;岂惟中国,抑全世界不一二睹之大人也已。然而文正固非有超群绝伦之天才,在并时诸贤杰中,称最钝拙;其所遭值事会,亦终生在指逆之中;然乃立德、立功、立言三不朽,所成就震古烁今而莫与京者,其一生得力在立志自拔于流俗,而困而知,而勉而行,历百千艰阻而不挫屈,不求近效,铢积寸累,受之以虚,将之以勤,植之以刚,贞之以恒,帅之以诚,勇猛精进,坚苦卓绝。吾以为曾文正公今而犹壮年,中国必由其手获救。吾谓曾文正集,不可不日三复也"。青年毛泽东也说:"愚于近人,独服曾文正。"蒋介石也多次表明一生中独服曾国藩,还把《曾国藩家书》作为黄埔军校的教材来治军育德。国学大师南怀瑾说,曾国藩一生中共有十三套学问,流传下来的只有一套"家书"。曾国藩是中国近代最成功的教育大师,兄弟、子孙人才辈出。而无论是赞其为"古今完人"的誉者还是骂其"大奸大恶"的毁者,皆推崇其"家书"之价值。由上可见,曾氏家书对于近现代中国的深远历史影响。

《曾国藩家书》于平淡家常中孕育真知,点滴琐事中逼射真情至理,既阐述伦理纲常,慨叹人生艰辛,又劝勉后人,是一部真实生动的生活宝鉴,也是研究曾国藩本人及这一历史时期的重要资料,更是"读书、立志、有恒"与处世治家、修身自律的历史经典之作,极具时代参照与借鉴价值。曾氏家书不仅体现了曾国藩的学识造诣和道德修养,还是修身治家的金玉良言,是为人处世之金针,是成就大事的锦囊,是所有欲入成功之门者的必读之书。

第二节 成才之道——《曾国藩家书》中人才的典范

《曾国藩家书》是一代"圣哲"曾国藩读书治学的经验之谈,是一个成功人士对事业经营的奋斗经历,更是胸有万千沟壑之伟大历史人物内心世界的倾情袒露。这其中,尤其是曾氏对弟弟、儿子等晚辈的书信中,更蕴含着大量学习、为人、处世、交友的成才之道,赢得了百年来历代历史伟人的青睐、学习与推崇。因此,充分挖掘、提炼并学习曾氏家书中关于成才的案例,则是各行各业不同年龄人士师法先贤、走向成功的样板与捷径。从曾氏修身、劝学、治家、理财、交友、为政、用人、养生等诸多方面归纳来看,其关于成才之道集中而深刻地体现在如下九个方面。

一、进德修业

曾国藩一生非常重视进德修业,并始终将修身进德置于首要位置。他时常勉励诸弟及儿辈,要勤于学习,并将"进德"铭记于心,在做事的同时先要学会做人,只有格物诚意、明师益友、虚心请教,才能取得成功。在致诸弟中,曾氏指出"切己体察,穷其理,即格物也。知一句便行一句,此力行之事也。此二者并进,下学在此,上达亦在此","盖明师益友,重重夹持,能进不能退也"。只有格致修城、格物诚意、穷究事理、身体力行,才能把握住成功的机遇。曾氏认为,要做到进德修业,关键还需做到如下几点:

一是切勿"夜郎自大""恃才傲物"。不善教诲之第一要害在于"骄傲气习,中无所有而夜郎自大","自满之人,识者见之,发一冷笑而已"。即是说,凡洋洋自得而不能反求诸己者,盲目自大而不思进取的狂傲者,最终只能贻笑大方,断无成功之理。只有力除傲气,力戒自满,才能时时保持进步。

二是"力除牢骚""息心忍耐"更"不宜非议讥笑他人"。曾氏告诫诸弟曰:"盖无故而怨天,则天必不许,无故而尤天,则天必不许,无故而尤人,则人必不服,感应之理,自然随之。"只有杜绝牢骚而"躬自入局,挺膺负责,乃有成事之可冀"。此外,"凡畏人不敢妄议论者,谨慎者也。凡好讥评人短者,骄傲者也"。只要开口就议论讥笑他人之短,这就是一种志得意满的表现,只有戒骄修身,反躬自省,不轻易非议他人,才是节操之行。

三是做人须"自立自强""清廉谨慎勤劳"且"才能要植根于细节之中"。曾氏致诸弟告诫曰:"从古帝王将相,无人不由自强自立做出;即为圣贤者,亦各有自立自强之道,故能独立不惧,确乎不拔。"只有志存高远、敢打敢拼、积极进取,才能获得成功。此外,自律自检、清廉谦逊、戒贪戒赌,脚踏实地、才根于器,方可积跬步而至千里。

典故一

恃才傲物

吾人为学,最要虚心。尝见朋友中有美材者,往往恃才傲物,动谓人不如己,见乡墨则骂乡墨不通,见会墨则骂会墨不通,既骂房官,又骂主考,未入学者,则骂学院。平心而论,己之所为诗文,实亦无胜人之处;不特无胜人之处,而且有不堪对人之处。只为不肯反求诸己,便都见得人家不是,既骂考官,又骂同考而先得者。傲气既长,终不进功,所以潦倒一生,而无寸进也。

——《曾国藩与诸弟书》

解读:大凡成功人士,都具有虚心的品质,他们不仅能够虚心学习、广纳意见,还能虚怀若谷地接受他人的批评。反之,那些恃才傲物者,不仅未必就是大才子、大能人,或许某一方面稍比人强,却洋洋自得,自以为是,终究一事无成。这种事例比比皆是。

同班同学中,那些拥有小聪明却天天夸夸其谈、自以为是,甚至轻蔑师长不把老师放在眼中之人,往往在升学考试中名落孙山,而那些平时成绩中等偏上,但踏实刻苦、勤奋好学、尊敬师长的同学往往关键时刻能够令人刮目相看。其中奥秘往往就在于恃才傲物者不但没能将自己的才华转化到事业中,反而成为人生境界提升的绊脚石,终究潦倒一生,断无成功之理。同理,那些资质一般,但时时刻刻能够反求诸己、力戒牢骚、躬身自省者,反而在默默努力、勤奋踏实、谦虚进取中成为国家之栋梁。

二、立志有恒

荀子《劝学篇》有言:"不积跬步,无以至千里;不积小流,无以成江海。"曾国藩在致诸弟、侄儿信中,同样处处突出体现并强调"有恒"的重要性,并将其视为读书的根本。"学问之道无穷,而总以有恒为主",无论读书还是做人,只有"立志有恒",贵乎"专",懂"孝悌",才能时时长进,步步高升。具体到读书与做人上,则又集中体现在如下几个方面:

一是学业上宜精益求精。曾氏曰:"不怕进得迟,只要中得快","些小得失不足患,特患业之不精耳。"这些理念皆在于表明学业不在乎先后早晚,关键在于精,而非点到为止、浅尝辄止,不愿穷根究底。曾氏言:"求业之精,别无他法,曰专而已矣。谚曰'艺多不养身',谓不专也。吾掘井多而无泉可饮,不专之咎也!"只有反复沉潜、精专深思,才能慢工出细活,一鸣而惊人。

二是为学之法在于"猛火煮,慢火温"。曾国藩借鉴朱熹等人熬肉为学的启示亦对诸弟劝言:"如未沸之汤,用慢火温之,将愈煮愈不熟也。以是急思搬进城内,摒除一切,从事于克己之学。"即是说,熬肉时只有先猛火煮沸再慢火细炖,才能芳香四溢;而为学如熬肉,也只有先短期内集中全部精力认真阅读,掌握其轮廓,然后再逐字逐句细读咀嚼,穷其纹理,方能探其精义。

三是为学之道还在于懂"孝悌之道"。曾氏有言,为学之道,一方面在于对知识持之以恒的积累,如此方能豁然贯通,另一方面还在于学问本身之外的生活领悟,尤其是孝悌伦常,更不可偏废。曾氏《劝述孝悌之道》曰:"于孝悌两字上,尽一分,便是一分学,今人读书皆为科名起见,于孝悌伦纪之大,反似与书不相关。殊不知书上所载的,作文时所代圣贤说的,无非要明白这个道理。若果事事做得,即笔下说不出何妨!若事事不能做,并有亏于伦纪之大,即文章说得好,亦只算个名教中之罪人。贤弟性情真挚,而短于诗文,何不日日在孝悌两字上用功?《曲礼》《内则》所说的,句句依他做出,务使祖父母、父母、叔父母无一时不安乐,无一时不顺适;下而兄弟、妻子皆蔼然有恩,秩然有序,此真大学问也。若诗文不好,此小事,不足计;即好极,亦不值一钱。不知贤弟肯听此语否?"曾国藩将孝悌之道与为学读书、求取功名并谈,甚至将孝悌伦常比之为学问的至境。这一方面体现了其传统儒家的纲纪伦理思想,另一方面更体现其以"孝道"为立家之本,认为孝悌廉耻更胜功名的思想。

典故二
为学四要事

吾见家中后辈,体皆虚弱,读书不甚长进,曾以为学四事勉儿辈:一曰看生书宜求速,不多读则太陋;一曰温旧书宜求熟,不背诵则易忘;一曰习字宜有恒,不善写则如身之无衣,山之无木;一曰作文宜苦思,不善作则如人之哑不能言,马之肢不能行。四者缺一不可,盖阅历一生深知之,深悔之者,今亦望家中诸侄力行之。两弟如以为然,望常以此教诫子侄为要。

——《曾国藩致四弟九弟》

解读：曾国藩在劝诫子弟读书时常言道："吾辈读书只有两事：一者进德之事，讲求乎诚正修齐之道，以图无忝所生；一者修业之事，操习乎记诵词章之术，以图自卫其身。"作为一代圣哲，曾国藩对读书是有异于常人的深刻见地的，他那一套为学读书法则同样值得我们认真体味。信中提出的学业四要事是：一是生书宜求速，不多读则谈陋；二是温旧书要求熟，不背诵则易忘；三是习字要有恒，不会写就如身上无衣，山上无树；四是作文要苦思，不会写文章则好比哑巴不能说话，马儿不能行走。四者相辅相成，缺一不可。应该说，曾国藩从一般规律出发，提出读书学业的四个法则是异常深刻的。这与曾氏所言读书"第一要有志，第二要有识，第三要有恒"可谓异曲同工。曾国藩依据自己多年的亲身经历对诸弟的告诫在"求速、求熟、有恒、苦思"四方面不仅见识深刻、高瞻远瞩，更值得我们今人继承、学习与发扬。

三、勤俭睦邻

作为清代"中兴第一名臣"，曾国藩的成功之道还在于治家教子有方，而其核心理念则是"家和福自生"。勤俭敬和，勤劳持家，孝亲睦邻，家和万事兴乃是其治家育人的基本思想。曾氏不仅告诫家人要"以习苦为第一要义"，戒除奢侈懒惰、不可厌倦家常琐事，还亲力亲为，时常反躬自省。如此节俭谦虚，贵和睦、体孝道、行勤俭，居家有道，实乃其奋斗、谋生、立业、成国之大才之秘器。曾国藩的这些思想反映到对长辈晚辈的言行中则尤为突出地体现在如下诸方面：

一是治家事务上注重"勤、敬、谦、和"。曾氏曰："凡一家之中，勤敬二字，能守得几分，未有不兴，若全无一分，无有不败，和字能守得几分，未有不兴。不和未有不败者，诸弟试在乡间，将此三字于族戚人家，历历验之，必以吾言为不谬也。"曾国藩将勤敬谦和视为治理家务的守则，要求家人共同遵守，并多次将"以谦勤二字为主,戒傲戒惰"上升为保家之道。这种勤劳持家、和睦兄弟的践行方式在今天物欲横流、追名逐利的消费主义社会语境中具有十分重要的借鉴和反思意义。

二是治家方略上力行"书、蔬、鱼、猪、早、扫、考、宝"八字诀。在勤俭持家、孝亲睦邻上,曾国藩更是教育家人要识得大体、持家有道,而其要诀在于"书、蔬、鱼、猪"与"早、扫、考、宝",即"家中种蔬""屋门首塘养鱼""养猪亦内政之要者""以看书为上",而"早者,起早也。扫者,扫屋也。考者,祖先祭祀,敬奉显考王考曾祖考,言考而妣可该也。宝者,亲族邻里,时时周旋,贺喜吊丧,问疾济急"。可见,曾国藩家书在男耕女织、识文断字、孝悌俭德上是十分用心的。

三是告诫晚辈"戒骄横之心""清白做人"。曾氏时刻告诫子弟切勿骄奢淫逸,言"诸弟在家,总宜教子侄守勤敬,吾在外,既有权势,则家中子侄,最易流于骄,流于佚,而子者,败家之道,万望诸弟刻刻留心,勿使后辈近于此二字,至要至要"。而尽孝悌、除骄逸的关键还在于清白做人,不忘本分,更不可说利害话。曾氏常反思曰:"余生平在家在外行事,尚不十分悖谬,惟说些利害话,至今愧悔无极!"可见,堂堂正正做事、清清白白做人、戒骄戒躁,不说利害话,同样是先贤告诫后人要成为有德有才之人上之人的重要法则。

典故三
勤俭持家,孝亲睦邻

然祸福由天主之,善恶由人主之,由天主者,无可如何,只得听之。由人主者,尽得一分算一分,少得一日算一日。吾兄弟断不可不洗心涤虑,以求力挽家运。

第一贵兄弟和睦。去年兄弟不知,以至今冬三河之变,嗣后兄弟当以去年为戒,凡吾有过失,澄、沅、洪三弟各进箴规之言,余必力为惩改。三弟有过,亦当互相箴规而惩改之。

第二贵体孝道。推祖父母之爱,以爱叔父;推父母之爱,以爱温弟之妻妾儿女,及兰、惠二家。又父母坟域,必须改葬,请沅弟作主,澄弟不必过执。

第三要实行勤俭二字。内间妯娌,不可多讲铺张。后辈诸儿,须走路,不可坐轿骑马。诸女莫太懒,宜学烧茶煮饭;书、蔬、鱼、猪,一家之生气,少睡多做,一人之生气。勤者,生动之气;俭者,收敛之气,有此二字,家运断无不兴之理。余去年在家,未将此二字切实做工夫,至今愧憾,是以谆谆言之。

——《曾国藩致诸弟》

解读: 今人常言"富不过三代",其内含之意或在于说明富贵家庭易养尊处优、骄奢淫逸,故而久之则日损。曾国藩在教育子女时则恰恰提倡以"习劳苦为第一要义",其目的正在于戒除骄奢、倡导节俭,立避富贵人家养尊处优的毛病。曾氏告诫子女不要睡懒觉,要少睡多做,学会烧茶煮菜,种地纺纱,针线女工,其"不忘本"的家教意图十分值得今人学习。此外,曾国藩还主张"居家之道,不可有余财",儿女联姻也"不必定富室名门",只要勤劳工作、勤奋学习、勤俭持家,定能成为大器。其实,字里行间我们可以看出,曾国藩对家族命运是十分关心和关切的,他多次点明家族的命运并非靠个人官运亨通即可告成,而是需要整个家族齐心努力。因而,其"贵兄弟和睦""贵体孝道""实行勤俭"的家庭守则就不仅是个人仕途官运的写照,更是对整个家族的殷切期许。

四、廉洁济贫

作为京城高官,曾国藩官至礼部右侍郎兼兵部右侍郎,但他的京城生活却异常窘迫,甚至需要靠多方筹借方可还清贷款、维持家用。然而,最难能可贵的是,他却能在粗茶淡饭中廉洁自律,甚至还四方筹措用于馈赠亲朋、接济贫寒。这种廉洁之高贵品格,以身效法之端行,堪为世之楷模,更是其宦海生涯为人处事之智慧。曾国藩的京城仕途应该说是一帆风顺,但他却能在顺风顺水中时刻保持谦卑之心、廉洁之行,不仅自己处处谨小慎微,虽生活简朴经济拮据也不忘扶危济困,还时时告诫家人须节俭持家、资助族人。曾国藩这种廉洁自爱、事事节俭、反对奢华之居家要诀,不仅在今天奢侈浪费、贪污腐败、浮华攀比的社会中值得人们反思警醒,还是所有成功人士繁华过后值得汲取学习的处世智慧。

典故四

救难济急

楚善八叔事,不知去冬是何光景?如绝无解危之处,则二伯祖母将穷迫难堪,竟希公之后人,将见笑于乡里矣,孙国藩去冬已写信求东阳叔祖兄弟,不知有补益否?此事全求祖父大人作主,如能救焚拯溺,何难嘘枯回生。伏念祖父平日积德累仁,救难济急,孙所知者,已难指数。如廖品一之孤,上莲叔之妻,彭定五之子,福益叔祖之母,及小罗巷、樟树堂各庵,皆代为筹划,曲加矜恤,凡他人所束手无策,计无复之者,得祖父善为调停,旋转乾坤,无不立即解危;而况楚善八叔,同胞之亲,万难之时乎?孙因念及家事,四千里外杳无消息,不知同堂诸叔目前光景。又念家中此时亦甚艰窘,辄敢冒昧饶舌,伏求祖父大人宽宥无知之罪。楚善叔事如有没法之处,望详细寄信来京。

——《曾国藩禀祖父母》

解读: 曾国藩在家书中反复强调需周济亲朋族里,不可使家里过于宽裕,哪怕是自己节俭筹措,也不可忘救济他人。曾国藩一生简朴,即使官至一品也是粗茶淡饭,他常言"务宜细心收拾,即一张缕、竹头木屑,皆宜捡拾",以"俭"为主,用度宜俭,是他身体力行以及言传身教、告诫家人的基本原则。在此基础上,曾国藩还捐银修祠筑堂,帮助乡里乡亲,周济亲人族里。曾氏常谓"济人须济急时无",随缘布施。从上曾氏劝祖父帮助楚善八叔一段看,曾国藩不仅向长辈委婉表达了救助家人的好处,还深刻体现了一代杰出人才做人做事的高尚节行及其处世智慧。

五、交友拜师贵乎专

曾国藩常言需与良友亲近且须患难与共,用情专一,还需勤加往来,切勿占人便宜。曾氏曰:"凡事皆贵专,求师不专,则受益也不入;求友不专,则博爱而不亲。心有所专宗,而博观他途以扩其识,亦无不可。无所专宗,而见异思迁,此眩彼夺,则大不可。"只有坚守专一待人,用友善倾情待人接物,方可赢得别人的尊重、帮助与支持。曾国藩对待师友的态度方法很值得我们今天玩味与学习。正所谓"师友夹持,懦夫也能立志",曾氏家书中对待友人的方法需要我们重新整理与借鉴:

其一,"交友拜师宜专一"且"须勤加来往"。曾国藩成功之道也在于其雅量,他不仅不苛求于人,还待人以宽。他常告诫诸弟交友宜"专"宜"益",所谓益者有三,友直、友谅、友多闻,当然,人常言"做事易,处人难;结识易,保持难;翻脸易,和好难",与友人交,最重要也是最难之处在于勤家往来。

其二,接待朋友需"患难与共勿有遗憾"且"切勿占人便宜"。曾国藩在接待朋友时有"八交"与"九不交"之说。即是说,胜己者、盛德者、趣味者、肯吃亏者、直言者、志趣广大者、在当厄者、体人者视为"八交";而志不同者、谀人者、恩怨颠倒者、全无性情者、不孝不悌者、愚人、落井下石者、德薄者、好占便宜者视为"九不交"。当然,曾国藩与友交往、患难与共的同时,最重要的还在于不占人便宜。曾氏认为交友要推诚守正而无私意猜疑之弊,切不可轻取人财。

其三,"不辞劳苦料理朋友的丧事"并勿"有负朋友"。曾国藩在禀叔父的家信中言与乡里友人的交往,还谈及料理湖湘子弟邓铁松、邹溪柳等孝廉之仕的丧事,均十分用心,哪怕"热毒"在身仍极力张罗,没有丝毫懈怠,这足见曾国藩交友之用心。曾氏曾有言:"余平生于朋友中,负人甚少,惟负次青实甚,两弟为我设法,有可挽回之处,余不惮改过也。"这种气度与雅量,这种常怀愧疚之心,实乃罕见,亦实乃非常人所能及也,此亦曾文正公所以伟岸而彪炳史册之所由也。

典故五

切勿占人便宜

我自从己亥年在外把戏,至今以为恨事。将来万一做外官,或督抚,或学政,从前施情于我者,或数百,或数千,皆钓饵也。渠若到任上来,不应则失之刻薄,应之则施一报十,尚不足满其欲。故自庚子到京以来,于今八年,不肯轻受人惠,情愿人占我的便宜,断不肯我占人的便宜,将来若做外官,京城以内,无责报于我者。澄弟在京年余,亦得略见其概矣,此次澄弟所受各家之情,成事不说,以后凡事不可占人半点便宜,不可轻取人财,切记切记!

——《曾国藩致诸弟》

解读:曾氏说自己在外周游时有过交情并受人恩惠的事太多太多,将来万一到地方做督抚或学政,倘若他们到衙门来有所求,如不答应未免太刻薄,而答应他的要求吧,给他十倍的好处也不一定能满足他的欲望。鉴于此,我自到京城后不肯再轻易受别人恩惠,而情愿别人占我的便宜,决不能去占别人的便宜,这样以后就没有人会责备我不报答了。总之,凡事不可以占人半点便宜,不可轻易受人钱财。曾国藩因自己过去困窘时所受馈赠而颇有感慨,时常为这些"陋习"所警示,等到多年后,即使京官生活颇为艰难,他也节俭持家而不轻易占他人便宜。也正因有此经历,曾国藩对家人诸弟也是晓之以理,告诫其中要害。"凡事不可占半点便宜,不可轻取人财",可谓是曾国藩审视自我后躬身力行并示范家人的宦海名言,也是曾国藩给予今人当反躬自省,切勿中饱私囊、贪赃枉法的历史警示与醒世箴言,极具现代意涵。

六、稳慎本分

曾国藩一生主张稳慎做人,做官同样力求安分守己、淡泊宁静,这不仅令曾国藩赢得了朝廷的尊重与信任,还使其不经意间步步高升,官运亨通。曾氏在致弟国荃的书信中有言:"望弟不贪功之速成,但求事之稳适","务望老弟不求奇功,但求稳着"。"稳慎"即是其一以贯之的思想。稳慎本分也更多地体现在其谦恭礼让、以勤报君、修身明强、处事严密等为政理念中。具体而言,表现在如下几方面:

一是戒除骄矜。和让谦恭方可得人之心,受人敬仰推崇,而盛气凌人只会自满而不求进取。曾氏致弟有曰:"人才不振,皆谨慎小而忽于大,人人皆趋习脂韦唯阿之风,欲以此疏稍挽风气,冀在廷管趋于骨鲠,而遇事不敢退缩,此余区区之众意也。"戒除骄矜,谨慎谦恭,方是贤哲厚德载福、处世治国之良策。

二是以"勤"报君以"爱"报亲。曾国藩一生皆以"勤"自勉自励,亦可谓为之劳心劳力。他不仅告诫家人"宜令勤慎,无作欠伸懒漫的样子,至要至要""一身能勤能敬,虽愚人亦有贤智风味"。或许,正如曾国藩所言"勤则兴,惰则败"一样,"勤"是所有人通往事业功成的阶梯之一。

三是理性处事且莫管闲事。曾氏时常告诫诸弟,"凡行公事,须深谋远虑","万不可与人篝讼"亦莫管闲事。庆吉平安、保身保家、谦和中庸方为上策。

四是修身明强,不求非分之荣。曾国藩认为担当大事全在于"明强",只有精明强干、内心修为有度、德行功高,自然可得明强,并获得成功。但曾氏同样指出做人切不可操之过急,而应稳慎做人,不求非分之荣,如此方可"稳"中取胜,水到功成。

典故六
修身明强

来信乱世功名之际,颇为难处十字,实获我心,本田余有一片,亦请将钦篆督篆,二者分出一席,另简大员。吾兄弟常存兢兢业业之心,将来遇有机缘,即便抽身引退。庶几善始善莫,免蹈大戾乎?

至于相当大事,全在明强二字,《中庸》学问思辨行五者,其要归于思必明,柔必强。弟向来倔强之气,却不可因位高而顿改。凡事非气不举,非刚不济,即修身齐家,亦须以明强为本,巢县既克,和含必可得手,以后进攻二浦,日弟主持,余相隔太远,不遥制也。

——《曾国藩致九弟》

解读:曾国藩亦曾有言担当大事,全在"明强"二字,凡事非气不举,非刚不济,修身养家亦须以明强为本。"难禁风浪"为古来豪杰之大忌,故男儿自立,必须有倔强之气。与此同时,曾国藩所言"明强"其前提是"修身",亦即其曰"吾辈在自修处求强则可,在胜人处求强则不可"。求强是在修身之基础上而言,倘若与人争胜而求强则不可。当然。曾国藩这些思想均有其特殊的语境和历史背景，更有曾氏自身功名鼎盛时淡薄仕途而具有强烈道德救赎精神的影子写照。但总体而言，曾国藩这种修身明强，以自我修身、不断积累为基础的成功人生的奋斗经历却适用于所有有志青年，值得我们效法借鉴。

七、知人善用

作为中兴名臣，曾国藩识人用人，求贤若渴、知人善用，他的幕府幕僚曾达400多人，后官至三品者就达47人，其中不乏李鸿章、左宗棠等晚清栋梁之材。"国之重臣，悉出曾门矣！"一时传为佳话。曾国藩能"集众人之长，补一己之短"，成就"立德、立功、立言"的丰功伟业实乃其知人善用的结晶。曾国藩一直致力于挖掘、网罗、培养人才，其对人才的甄别与识用也有自己一整套的标准与方略。这其中最为重要的几条是：

一是"有操守而无官气，多条理而少大言"。曾氏考察人才慧眼识珠，他在致弟书信中言："余告筱荃观人之法，以有操守而无官气，多条理而少大言为主"，"能耐劳苦之正人，日久必有大效"。可见，曾氏对于人的稳慎、勤劳、德才之综合品行是极为看重的。

二是"询事""考言""奏折""诱迫"的人才考察四法。曾国藩主张对人才"留心察看，分别贞邪"，并从办事、言论、举止行为等多方面进行综合考察。此外，曾国藩还时刻留意对人才的考察记录，将其优缺点均记录下来，以备用人时参考。

三是"宜多选好替手"。曾国藩的人才战略中，奉行"办大事者以多多选替手为第一义"，他致弟书信中言："吉南尔外，尚有何人可以分统？亦须早早提拔。办大事者以多多选替手为第一要义，满意之选不可得，姑节取其次，以待徐徐教育可也。"也即是说，倘若一时选不出十分满意的人才，可姑且选其次的，然后再慢慢培养，使其成为英才。

此外,曾国藩在识人用人的同时,对自己也要求十分严格,强调"圣门教人,不外'敬''恕'两字",因而他不仅对待幕僚"平等相看,不甚钦敬",还时常反躬自省,求诸于内,反思自己的不敬不贤之处,实可谓人中之大贤。

典故七
识人用人之法

辅卿而外,又荐意卿、柳南二人,甚好!柳南之笃慎,余深知之,意卿凉亦不凡。余告筱辅观人之法,以有操守而无官气,多条理而少大言为主,又嘱其求润帅、左、郭及沅荐人,以后两弟如有所见,随时推荐,将其人长处短处,一一告知阿兄,或告筱荃,尤以习劳苦为办事之本。引用一班能耐劳苦之正人,日久自有大效。

季弟言出色之人,断非有心所能做得,此语确不可易。名位大小,万般由命不由人,特父兄之教家,将帅之训士,不能如此立言耳。季弟天分绝高,见道甚早,可喜可爱!然办理营中小事,教圳弁勇,仍宜以勤字作主,不宜以命字谕众。

——《曾国藩致沅弟季弟》

解读:卡耐基曾说过:"一个人在事业上的成功,有百分之十五归结于其专业知识,另外有百分之八十五则归结于其表达思想、领导他人和唤起他人热情的能力。"无疑,自立、自达,立人、达人之中兴名臣曾国藩正是这种善于领导并唤起他人热情之人。他善于发现人的长处,并能在日常"询事""考言"中对下属进行考核,一旦需要用人即能人尽其才,而一旦发现不妥则饬令走人。这种识人用人方略不仅助其真正找到稳慎内敛、德才兼备之士,还能吸纳网罗到更多天下之英才豪杰。他之所谓"集众人之长,补一己之短""合众人之私,成一己之功"正是其知人用人、知人善任、人尽其才的战略思想。曾氏运用自己的观人之法,不仅发现挖掘了诸如李鸿章等晚清重臣,还推荐了诸多能人,他识人用人、敬职敬责、自省自察的人才方略不仅是人力资源可供挖掘的典范案例,更值得今人效法学习。

八、健身保养

正所谓"身体是革命的本钱"。只有身心健康,才能踏实工作。作为贤士名臣,曾国藩同样十分重视养生与保养。在家书中,曾国藩与诸弟儿辈更是反复多次提到健身、保养、养生之法,值得我们学习参考。其养生健身之秘诀大致有三:

一是"戒酒,早起,勤洗脚"。曾氏认为只有作息规律才能平稳心态,自然舒畅,尤其是"起早尤千金妙方,长寿金丹"。其曰,养身之法重在五事:"一曰眠食有恒,二曰惩忿,三曰节欲,四曰每夜临睡洗脚,五曰每日两饭后,各行三千步。"这些健身养生方法在今日仍有其科学依据,值得我们参考。

二是"饱看山水,以养身心"。曾氏与儿书信中言:"以后在家则莳养花竹,出门则饱看山水,环金陵百里内外,可以遍游也。"宁可食无肉,不可居无竹,在家养花竹,出门看山水,此实乃陶冶心性、身心舒畅、延年益寿之人生境界,身心皆利。

三是"体弱学射,最足保养"。曾氏告诫曰:"家中后辈子弟,体弱学射,最足保养。"事实上,骑马射箭、征战沙场,也确乎自古英雄之所愿。既保家卫国,又强身健体。曾国藩此处告诫,实则也希望族中子弟能够练习骑马射箭、习拳弄棒,以助强身健体。

其它诸如自养自医、顺其自然,黄芪党参熬汁可治阳虚等养生细节,曾国藩书信中均有论及,从中可见曾氏对待家人之用心,其孝上敬下之情也可见一斑。

典故八

养生秘诀

尔体甚弱,咳吐咸痰,吾尤以为虑,然总不宜服药。药能活人,亦能害人。良医则活人者十之七,害人者十之三;庸医则害人者十之七,活人者十之三。余在乡在外,凡目所见者,皆庸医也。余深恐其害人,故近三年来,决计不服医生所开之方药,亦不令尔服乡医所开之方药。见理极明,故言之极切,尔其微听而遵行之。

每日饭后定数千步,是养生家第一秘诀。尔每餐食毕,可至唐家铺一行,或至澄叔家一行,归来大约可三千余步。三个月后,必有大效矣。

——《曾国藩与纪泽书》

解读:曾国藩的修身养性、养生治性之说广为人知。尤其是诸如"心常用则活,不用则窒;常用则细,不用则粗""精神愈用而愈出,不可因身体素弱过于保惜;智慧愈苦而愈明,不可因境遇偶拂遽尔摧沮""早起为养生第一秘诀""每日饭后走数千步,是养生家第一要诀"等健身保养之法即使在今天人们也在践行。曾氏因日理万机、呕心沥血,其自然需要坚持早起。但正所谓"一日之计在于晨",对于公务繁重的曾国藩来说,晨起荡涤精神、调理气息自然成为其必修之课。此外,人们常说"饭后百步走,活到九十九",曾国藩也甚为赞同。他在信中言"每日饭后定数千步,是养生家第一秘诀"也可知其有饭后散步的习惯。其实,从科学角度看,饭后散步不仅有利于肠胃蠕动,帮助消化,还能锻炼身体,舒筋活络,对身体相当有益。因此,在家信中,他才反复提及"早起"及"饭后散步"乃养身保健、调养弱体的好办法,只要坚持不懈,三个月后定有成效。当然,在曾国藩的保健养身思想中,他也常常提及"自养自医""不信医药,不信僧巫,不信地仙"等原则,这从中也可见其对于医药的慎重态度。要用医，但不盲目信医，尤其要加强自身的调理与锻炼，加强保健养生意识，这或许是媒介时代的今天人们足不出户、体质退化以及盲目从医、医疗事故频发情形下，值得大众反思与借鉴的精髓之处。

九、计划周密

曾国藩事业的功绩还在于其组建训练湘军，并攻破天京（南京），击败太平军。而其军事上最核心的战略即在于周密计划，在稳慎中进去，绝不打无准备之仗，即所谓"稳扎稳打，机动则发"。曾国藩指挥的湘军每到一地均深壑高垒，严密布防。讲究机动作战，水陆配合、以静制动，主张"用兵动若脱兔，静若处女"，"扎硬寨，打死仗"，善择营地。在致弟书信中，曾氏还认为："制胜之道，实在人而不在器"，"真美人不甚争珠翠，真书家不甚争笔墨，然则将士之真善战者，岂必力争洋枪洋药乎？"除遵循"人才甚于一切"，认为"武器装备只为末、将士能人是为本"这一军事思想外，曾国藩还强调要"多用活兵，少用呆兵"，并将变化不测、器械轻灵的轻兵视为活兵，将老人、辎重视为呆兵，从中可见其机动灵活、变化不测的治军之术。所谓"知己知彼，百战百胜"，曾氏治军用兵均是建立在对对手清晰的了解、认识与分析基础之上，通过分析对手的长处与短处，再进行周密布置，最终击溃对手。商场如战场，曾国藩缜密详细的行军计划对于我们现代职业化的市场投资同样适用，只要我们先竖立远大的理想与抱负，再制定详细可行的奋斗计划，坚持不懈地朝目标努力，必然成就一番大事业。

典故九
成大事者必作于细

吉字中营尚易整顿否？古之成大事者，规模远大与综理密微，二者缺一不可。弟之综理密微，精力较胜于我。军中器械，其略精者,宜另立一簿,亲自记注,择人而授之。古人以销伏鲜明为威敌之要务,恒以取胜。刘峥衡于火器亦勤于修整,刀矛则全不讲究。余曾派褚景昌赴河南采买白蜡杆子,又办腰刀分赏各将弁,人颇爱重。弟试留心此事,亦综理之一端也。至规模宜大,弟亦讲求及之。但讲阔大者,最易混入散漫一路。遇事颟顸,毫无条理,虽大亦奚足贵?等差不紊,行之可久,斯则器局宏大,无有流弊者耳。顷胡润芝中丞来书,赞弟有曰"才大器大"四字,余甚爱之。才报于器,良为知言。

——《曾国藩与九弟国荃书》

解读:曾氏名言"古之成大事者,规模远大与综理密微,二者缺一不可"已成为各行各业欲成就一番事业者的至理箴言与处世金针。其要义有二:一是需要竖立一个远大的抱负与理想,确立一个长久的奋斗目标,并为之努力。曾氏曾言,世人大多好"常立志",却鲜有"立长志",是故清闲安逸者多,而坚持创造者少。二是需要根据这一宏大的理想与目标制订缜密而详细的行动计划。但凡有志之士,皆不仅有理想、有抱负、有目标,而且还有与其相适的行动计划,时刻为此奋斗努力。这样,理想与计划在行动中合一,只要勤奋付出,定能功到自然成。事实上,老子在《道德经》第六十三章中亦有言:"图难于其易,为大于其细。天下难事必作于易,天下大事必作于细。是以圣人终不为大,故能成其大。夫轻诺必寡信,多易必多难。是以圣人犹难之,故终无难矣。"意思即是说,做那些别人还没觉察到就该做的工作,办那些还没发生事故之前就该办的事,体味那些没有散发出气味之前的气味。要把小的征兆当成大事,把少的征兆当成多的后果。用恩德对待他人的怨恨。解决难事要从还容易解决时去谋划,做大事要从细小处做起。天下的难事都是从容易的时候发展起来的,天下的大事都是从细小的地方一步步形成的。因此圣人始终不直接去做大事,所以能够成就大的功业。轻易许诺肯定难以兑现,把事看得太容易肯定会遇到太多的困难。因此圣人要把它看得困难一些,所以最终不会遇到困难。无论是老子还是曾国藩,其实都在强调"细节"的重要性。"千里之堤溃于蚁穴",这正是先人给予的古训。无论是青少年还是走在成功道路上的朋友们,均需铭记宏大目标之后行动细节的重要性。这就需要我们如曾国藩研究敌情一样,学会观察,仔细思考,从中发现问题,并找到解决问题的钥匙。竖立远大的目标,制订行动计划,从细节做起,如此必将赢得明天的成功!

以上,我们依次从进德修业、立志有恒、勤俭睦邻、廉洁济贫、交友拜师贵乎专、稳慎本分、知人善用、健身保养、计划周密等九个方面粗略总结归纳了一代名臣曾国藩的成功之道。从中我们也体验到曾氏虽位居高位、劳苦功高却始终稳慎谦虚、反躬自省的德行,也体验到贵为一品人杰却始终深居简出、廉洁自律的高贵品格,更感悟到他勤俭济贫、以身示范的家教家风。或许,我们仅仅用修身养性、廉洁自律、勤劳节俭、识人用人、立人达人还无法全部囊括出一代贤哲的家训智慧,但其成功之道却不仅为历代历史名人所推崇传唱,且至今仍是代代渴望通往成功之途的后继们汲取思想精华的源头活水与金针良言。

第三节 成才有道——来自《曾国藩家书》的至理

《曾国藩家书》作为一本日常交往的普通书信,却被誉为一本"做人处世之典范,修身养性之至理,为官从政之精髓,治国安邦之箴言",足可见其历史价值。它对于解决我们当下生活中的各种诸如生存、发展、择友、工作、学习、教育等自我成才问题也均有裨益。从曾氏家书中,我们更能在急需宣扬"家风"与"德行"之道德观与价值观的今天,抽绎提取出诸多可供参照与学习的思想精华。

一、戒骄、戒惰、戒牢骚

当前,尤其是许多初涉职场的青年朋友们,总以为自己学富五车、才高八斗,却没有得到应有的重视,因而总是牢骚满腹,既看不惯同事又与领导作对,甚至在背后指指点点、挑剔斥责别人的万般不是,十足的"愤青"样。继之而来的则是工作热情的消减、懈怠、错误百出,终究一事无成。这些典型的"职场病"不可谓不普遍,这不仅严重制约了诸多人才的才智发挥,制约其职业的发展,更导致了人力资源的浪费,同时还造成诸多社会不良后果。那么,这些问题的弊病究竟在哪? 真是缺乏"伯乐",还是其它什么因素呢? 或许,我们从曾国藩的家书中便可以找到答案并得到化解这些毛病的妙计锦囊。

曾氏时常告诫诸弟曰:"开口便道人长短,笑人之鄙陋,均非好气象",而"凡动口动笔,厌人之俗,嫌人之鄙,议人之短,发人之覆,皆骄也",须知"天下古今之庸人,皆以一惰字致败;天下古今之人才,皆以一傲字致败。吾但以傲惰二字痛下功夫,不问人之骂与否也"。非常清楚,曾国藩百般告诫诸弟与儿辈不要轻易说人短长,需戒除骄奢气,更需戒除牢骚。倘若骄奢,就必定自满自大,尔后必然露才扬己恃才傲物,而若是"人之傲惰鄙弃业已露出,则索性荡然无耻,摒弃不顾,甘与证人为仇,而以后不可救药矣"。牢骚太甚多抑塞,不仅使自己心情抑郁,工作效率低下,更影响他人。为此,曾氏的方法是:"凡遇牢骚欲发之时,则反躬自思,吾果有何不足而蓄此不平之气? 猛然内省,决然去之。"春华秋实,静水流深。只有不断自我反思,从自身找原因,找到问题的根源,然后慢慢化解,方可在修身自省中祛除弊病,修正方向,扭转事业的颓势,进而通往成功的正确路途。

二、卧薪尝胆、发奋读书

当下的青少年朋友,尤其是在读的学生,在成绩面前最容易受挫。班级考试排名中下,入学考试无法进入重点高中,更不用说高考失利了。这些人生中的挫折对于一个人的意志消磨与打击是异常巨大的。然而,正所谓"少年经不得顺境",些微的挫折对于一个人的成长实则算不得什么,还可能是人生发展的一笔财富。至少,在晚清名臣曾国藩身上的确是这么上演的。据历史学家考证,曾国藩资质实在非常一般,甚至有些"笨拙愚钝",在头五次秀才考试中均名落孙山,直至道光十二年才获得"佾生"资格。这一系列的打击,并没有消磨掉曾国藩的奋斗激情,他闭门不出,卧薪尝胆、咬牙发愤,终于在第七次考试时中了秀才。此后又相继中了举人、进士,直至跻身翰林,飞黄腾达。

曾国藩在对四弟、六弟的信中,对他们未能入学、屡次考场失利也是劝诫开导,曰:"不怕进得迟,只要中得快""些小得失不足患,特患业之不精耳"。对于后辈考运不佳,尽管曾氏也是心情急切,但他却极力疏导,莫要为小小科考失利而牢骚懈怠。然而,曾氏对于后辈之学业精专及其"立志有恒"之心却是极为看重的。他反复告诫诸弟曰:"不能不趁三十以前立志猛进也",需"全副精神专注一事,终身必有成就。凡人作一事,首尾不懈。若存一爱惜精神的意思,将行将却,奄奄无气,决难成事",何况乎"精神愈用愈出,智慧愈苦愈明"。曾国藩还时刻勉励后人"欲稍有成就,须从'有恒'二字下手",需要有持久的恒心,"志大才疏,有心无力,故无成""无实学而有虚名,自知当有祸变"而"唯读书则可变化气质"。当然须"每日有常,自由进境,万不可厌常喜新,此书未完,忽换彼书尔",只有这样才能做到学业精进,进而在"有始有终有恒"中成就一番事业。

三、患难之交

在当下的消费主义社会中,人们总与各色各样的人物打交道,并且每天均能结识新面孔,酒桌之上更是称兄道弟,表面看的确是四海之内皆朋友,缘分天成。然而,仔细用心一想,定会发现,真正在关键时刻能拔刀相助且无话不谈之知心人究竟有几个? 或许,每一个人心中都自有一份答案。

曾国藩有言:"师友夹持,懦夫也能立志。"可见,日常交友交际实则是与人的一生成败密切相关的,不可不慎重。曾氏还告诫诸弟有言,朋友有"八交"与"九不交",有"平日之交"与"患难之交",并且与其与百人泛泛之交倒不如与一人深交,此所谓"求友不专,则博爱而不亲"。那么,究竟哪种人值得深交呢? 其曰观人有四法,即讲信用、无官气、有条理、少大话,而凡有一长一技者,不敢轻视,还需注意在与朋友交往中宁愿人占我的便宜,断不要占人之便宜,而且切不可轻取人财。"凡与人交际,当求其诚信之素孚;求其协助,当量其力量所能为",而成功之时,"独享大名为折福之道,与人分名即受福之道"。此外,"各勉其所长,各戒其所短""受人恩情,当为将来报答之地,不可多求人也"也需谨记。很重要的一点是,需在"耐劳忍气"四字上下足功夫,所谓"居官以耐烦为第一要义",要破除心浮气躁的习气,训练不急不躁、处事有条不紊、时刻保持头脑清醒的状态,这样才能在事业上顺风顺水。只有如此,加上不断地反躬自省,不负友人,急人之所急,定能在朋友中赢得尊重与拥护。

四、勤敬孝悌

很多叛逆甚至走向违法犯罪的青少年,很大一个因素在于家教家风出现问题。俗话说"家教不严,害人害己"。因此,家庭环境因素在一个人的成长道路上是至关重要的。现实社会中,有哪个事业辉煌的成功之士不是在良好的家庭氛围中培养成才的呢？家教家风并不等于富贵贫穷。往往贫穷家庭，尤其是苦难家庭的孩子更能成才；反之，富贵淫逸家庭倘若不注重孩子的教育培养，严加管教，终究未必能够成才。家庭教育对一个人的成长是非常重要的，这其中，对子女培养勤劳节俭、孝悌伦常、尊上爱下、遵纪守法等勤敬孝悌美德尤为重要。曾国藩对此同样认识深刻。因而，他的家书最重要的一条即是在勤敬、孝悌等家风上对后辈的告诫教育。

曾氏曰，一家之祥瑞，在于"孝、勤、恕"，"兄弟和，虽穷氓小户必兴；兄弟不和，虽世家宦族必败"，而"兄弟之间，一言欺诈，终不可久""孝友之家，可绵延十代八代"。曾氏以为治家在于八字，即"书、蔬、鱼、猪、早、扫、考、宝"且"仕宦之家，不蓄积银钱"，凡"一家之中，勤敬二字能守得几分，未有不兴"。此外，曾氏以为"家门太盛，有福不可享尽"，须帮困济贫，"盛时常作衰时想"，这样才能在潜移默化中教育子女，如此家教家风必转。家庭和谐兴旺，贤能子弟也将出现。总之，从节俭德孝、戒除骄横之心、谦虚勤劳等方面教育告诫子弟，其日后必将成材。

五、功不独居，过不推诿

当前，从学校集体到商业职场再到宦海军营，无论是组织还是个人，似乎对于赏罚不均之抱怨责备声就未停止过。诸如"小组建功一人得利""项目难产众人推责"等社会万象，网络论坛中可谓层出不穷。从集体组织而言，这至少说明这一团队管理混乱，凝聚力不强，缺乏归属感；而从个人而言，这至少说明某些人有功则独自吞占，有责则拼命洗脱推卸。无论是集体还是个体，这种为人处世的原则必然使自身陷入道德的漩涡之中，不仅无法服众、赢得他人的尊重信任，更不用妄谈打拼成就出一番大事业。对于这种自私自利之行为，曾国藩对后辈是有专门告诫的。

曾氏除处处主张的"稳慎""谦孝"以及"持盈保泰"外,尤其指出"有功不可独居,有过不可推诿"这一处世原则。懂得一起与人分享或许是一条成功的重要法则,所谓"为人不可过于聪明""无实而享大名者必有奇祸""大凡办一事,其中常有曲折交互之处,一窍不通,则处处皆窒矣"可谓其理也。曾国藩一生爱才如命,有幕府百人,其幕府被称为神州第一幕府。他打造自己的团队的方法是"合众人之私,以成一人之公"。为名利,尤其为势所驱,是人之常情,对物质追求也是人之常情。曾国藩尽管身位居高,但他不仅自己严于自律,深居简出,还告诫要求家人一并如此,奉行谦廉节俭,反思自我。在对待自己的幕僚、友人、乡人上,曾国藩更是恩重有加。他不仅扶危济贫、关爱他人,还常常让利于人,急人之所急。荣利之时,退让为宜。忍是小境界,让是大智慧。让分退让、进让,满足手下之私就是进让。格物诚意,也即在说明人应该格物致知,身体力行,在谦卑中懂得分享,在谦让中获得成功。

六、盛时常作衰时想,上场当念下场时

俗话说得好:"好了伤疤忘了痛。"现实中很多"得道"之人却均是富贵安逸后便得意忘形,且不说将旧日同窗好友、授业恩师置诸脑后,就连自己的亲人也似乎碍手碍脚,不放在眼中。有钱时四处抛洒、挥金如土,这些只图一时之风光,结果家庭崩裂、一败涂地之生活现象可谓举不胜举。曾国藩常常告诫子弟说,凡是官运极盛的时候,公私之事格外顺手,一倡百和,然而闲话即由此起,怨谤即由此兴。因此,倘若光顾眼前利益,就会顾此失彼,得不偿失。任何事物或事情都是一体两面的,"乐极生悲,否极泰来"。中国古代之"中庸"处世之道即是要教育人们常怀忧患之心,要有忧患意识、风险意识,从长处思考,从大处着眼,凡事需三思而后行,考虑前因后果,如此不仅人生会少犯错误,还定将更加

精彩,事业更上一层楼。

"盛时常作衰时想",为保持家运长久,曾国藩一再要求家中之人切莫忘记过去的贫寒。以曾国藩的家书为例,曾氏曾对国潢弟举例说,尽管家族此时处于鼎盛,但切不可忘却寒士风味,因此子弟要力戒"傲""惰"这两个字。戒傲首先就不能大声呵斥家里仆人,戒惰首先就要坚持早起。不要忘记当年在蒋市街卖菜篮子的情景,不要忘记当年在竹山坳里拖车拉碑的情景。昔日的苦况,怎么知道以后不再碰到呢?对于儿辈,曾国藩更是反复告诫叮嘱:"凡世家子弟,衣食起居无一不与寒士相同,才可以成大器;若沾染富贵习气,则难望有成。"曾氏家书今天对于成才之道的启迪,对于成才路线的指示,或许可以从如下几方面加以贯行:

第一,常怀敬畏之心。随着生活水平的提高,尤其是经济发展带来的生活水平的飞跃,在消费时代的文化语境中,人们越来越倾心于物质的享受,追求安逸,追名逐利。随之出现的是社会各种背信弃义、见利忘义的现象。而在金钱名利与地位的追求中也使人付出惨重的代价。曾国藩的家书劝诫我们,人应当顺其自然、随遇而安、逆来顺受,保持一种妥善处理物欲的谦和中庸心态。只有心平气和、淡泊名利,合理选择自己的位置,找准自己的方向与定位,方可一帆风顺,步步高升。

第二,常怀退让之意。曾国藩时常告诫子弟需要"待人以宽",即是要有"雅量",能容忍人之所不能忍,并且时刻保持谦卑之心,不轻易占人便宜,如此方可建功立业。雅量宽厚之外,保持一颗淡泊宁静之心同样十分重要。无论待人接物均需要一颗"平淡"之"逆来顺受"之自然之心,笑看花开花落。这样才能在险恶世事中平安顺利,事事顺心顺意。

第三,常留退让之地。话勿说成十分满,事未做得十分绝,这或许也是曾氏中庸之道的一种反映。曾国藩耕读传家,家风严谨,他依据儒家"修、齐、治、平"的步骤立德、立功、立言,可谓不朽于世。他的"八字诀"及"三致详"之人生守则,在父慈子孝、兄弟和睦、夫妻恩爱、邻里安详等方面,实可谓使家族绵延不衰、后继有人、子孙发达。

第四,持盈保泰,免遭祸害。古来巨富招人耳目,灾祸频频。曾国藩反复强调家族要多周济亲朋,务必使家中不可过于宽裕,甚至告诫四弟"因处乱世,逾穷愈好"。而家运太盛、富贵极盛之时需持盈保泰,保持安定。这种"盈极生亏"之思想,真可谓深谋远虑。世界万物皆有圆有缺,人亦如此,只有恰如其分懂得满足,克制欲望,才能在物质文明高度发展的时代中享有自足之快乐。

第五,常记谦廉之道。节俭、谦虚与清廉是十分重要的品格。人只有脚踏实地、修身务本、储才养望方可修炼至此操行。这对于各行各业的领军人物尤其如此,一定要切记谦卑之心,尊重爱惜他人,并时刻坚持俭与廉的自我修行,这样才能赢得手下的尊重、拥护与爱戴,并在事业上百尺竿头,更进一步。

总之,历代伟人皆推崇曾国藩,称其为"圣哲""楷模",资质庸常的他,能从一个普通农家子弟做到位极人臣的大官,其超乎常人的经营谋划及处世智慧足供后人借鉴学习。这其中,最为重要的一点是:曾国藩虽身居高位,却始终深居简出、勤俭有恒、廉洁自律,毫无骄奢淫逸之气,仅此就足以令人肃敬。尤其是在高度反腐倡廉的今天,曾国藩这种进德修业、廉洁济贫、稳慎本分、勤俭孝悌之"家风",需要我们去学习、继承与发扬!

参考及推荐书目

一、《道德经》篇

1. 高亨:《老子注译》,华钟彦校,河南人民出版社 1980 年版。

2. 刘文典:《庄子补正》,云南人民出版社 1980 年版。

3. 许抗生:《帛书老子注译与研究》,浙江人民出版社 1985 年版。

4. 冯友兰:《三松堂全集》第二卷,河南人民出版社 1988 年版。

5. 朱伯昆:《易学哲学史》,北京大学出版社 1986 年版。

6. 王明:《道家和道教思想研究》,中国社会科学出版社 1987 年版。

7. 刘笑敢:《庄子哲学及其演变》,中国社会科学出版社 1988 年版。

8. 陈鼓应:《老庄新论》,上海古籍出版社 1992 年版。

9. 崔大华:《庄学研究》,人民出版社 1992 年版。

10. 王卡点校:《老子道德经河上公章句》,中华书局 1993 年版。

11. 萧汉明、郭东升:《周易参同契研究》,上海文化出版社 2001 年版。

12. 钱穆:《庄老通辨》,生活·读书·新知三联书店 2002 年版。

13. 詹石窗:《道教文化十五讲》,北京大学出版社2003年版。

14. 熊铁基等:《中国老学史》,福建人民出版社2005年版。

15. 陈鼓应:《老子注译及评价》(修订增补本),中华书局2009年版。

二、《论语》篇

1. 朱熹:《四书章句集注》,中华书局1983年版。

2. 刘宝楠:《论语正义》,高流水点校,中华书局1990年版。

3. 程树德:《论语集释》,程俊英、蒋见元点校,中华书局1990年版。

4. 王素编著:《唐写本论语郑氏注及其研究》,文物出版社1991年版。

5. 河北省文物研究所定州汉墓竹简整理小组:《论语:定州汉墓竹简》,文物出版社1997年版。

6. 李方:《敦煌〈论语集解〉校证》,江苏古籍出版社,1998年版。

7. 何晏注,邢昺疏:《论语注疏》,北京大学出版社1999年版(简体字),2000年版(繁体字)。

8. 李泽厚:《论语今读》,生活·读书·新知三联书店2004年版。

9. 金良年:《论语译注》,上海古籍出版社2004年版。

10. 傅杰:《论语一百句》,复旦大学出版社2007年版。

11. 杨树达:《论语疏证》,上海古籍出版社2007年版。

12. 李零:《丧家狗:我读〈论语〉》,山西人民出版社2007年版。

13. 李零:《去圣乃得真孔子:〈论语〉纵横读》,生活·读书·新知三联书店2008年版。

14. 徐刚:《孔子之道与〈论语〉其书》,北京大学出版社2008

年版。

15. 黄俊杰:《德川日本〈论语〉诠释史论》,上海古籍出版社2008年版。

16. 唐明贵:《论语学史》,中国社会科学出版社2009年版。

17. 杨伯峻:《论语译注》,中华书局2009年版。

18. 钱穆:《论语新解》,九州出版社2011年版。

19. 辜鸿铭:《辜鸿铭英译〈论语〉》,云南人民出版社2011年版。

20. 杜道生:《论语新注新译》,中华书局2011年版。

21. 黄俊杰:《东亚论语学》,华东师范大学出版社2012年版。

22. 傅佩荣主编:《孔子辞典》,东方出版社2013年版。

23. [日]高桥智:《日本室町时代古钞本〈论语集解〉研究》,杨洋译,北京大学出版社2013年版。

24. 皇侃:《论语义疏》,高尚榘点校,中华书局2013年版。

25. 孙钦善:《论语本解》,生活·读书·新知三联书店2013年修订版。

26. 简朝亮:《论语集注补证述疏》,唐明贵、赵友林校注,华东师范大学出版社2013年版。

三、《金刚经》篇

1. 郭庆藩:《庄子集释》,中华书局1961年版。

2. 王先谦:《荀子集解》,中华书局1988年版。

3. 牟宗三:《佛性与般若》,台湾学生书局1989年版。

4. 高明:《帛书老子校注》,中华书局1996年版。

5. 蒙培元:《心灵超越与境界》,人民出版社1998年版。

6. 任继愈:《天人之际》,上海文艺出版社1998年版。

7. 张世英:《进入澄明之境》,商务印书馆1999年版。

8. 朱熹:《朱子晚年全论》,中华书局2000年版。

9. 徐复观:《中国艺术精神》,华东师范大学出版社 2001 年版。

10. 成中英:《合外内之道》,中国社会科学出版社 2001 年版。

11. 钱穆:《庄老通辨》,生活·读书·新知三联书店 2002 年版。

12. 宗白华:《美从何处寻》,江苏教育出版社 2005 年版。

13. 冯友兰:《人生哲学》,广西师范大学出版社 2005 年版。

14. 陈秋平:《金刚经·心经》,中华书局 2010 年版。

15. 刘鹿鸣:《金光明经》,中华书局 2010 年版。

四、《朱子家训》篇

1. 黄宗羲:《宋元学案》,中华书局 1986 年版。

2. 束景南:《朱子大传》,福建教育出版社 1992 年版。

3. 黎靖德编:《朱子语类》,中华书局 1999 年版。

4. 朱杰人:《朱子一百句》,复旦大学出版社 2007 年版。

5. 束景南:《朱熹研究》,人民出版社 2008 年版。

6. 陈来:《朱子哲学研究》,华东师范大学出版社 2010 年版。

7. 钟茂森:《朱子治家格言研习报告:钟茂森教授讲述》,中国华侨出版社 2010 年版。

8. 〔美〕田浩:《旁观朱子学》,华东师范大学出版社 2011 年版。

9. 陈来、杨立华、杨柱才、方旭东:《中国儒学史·宋元卷》,北京大学出版社 2011 年版。

10. 钱穆:《朱子新学案》,九州出版社 2011 年版。

五、《曾国藩家书》篇

1. 唐浩明:《唐浩明评点曾国藩家书》(上下),岳麓书社 2002 年版。

2.唐浩明:《唐浩明评点曾国藩奏折》,岳麓书社2004年版。

3.唐浩明:《曾国藩》,北京出版社2010年版。

4.罗斌、听夜人:《曾国藩全传》,内蒙古文化出版社2010年版。

5.孙良珠:《曾国藩全传:从社会底层到晚清名臣》,华中科技大学出版社2010年版。

6.迟云飞、林乾:《曾国藩大传》,人民文学出版社2011年版。

7.郦波:《郦波评说曾国藩家训》,中国民主法制出版社2011年版。

8.唐浩明:《曾国藩》(注释本),岳麓书社2012年版。

9.蒋星德:《曾国藩》,中国文史出版社2012年版。

10.〔美〕黑尔:《外国人眼中的中国人:曾国藩》,李宁、李辰杨译,东方出版社2013年版。

11.张宏杰:《曾国藩的正面与侧面》,民主与建设出版社2014年版。

12.唐浩明:《曾国藩》(全三册),河南文艺出版社2014年版。

13.曾仕强:《曾国藩的启示》,北京联合出版公司2014年版。

14.萧一山:《曾国藩传》,江苏人民出版社2014年版。

15.曾国藩:《曾国藩日记》,唐浩明编,岳麓书社2015年版。

16.宫玉振:《大道至拙:曾国藩与中国式领导力》,北京大学出版社2013年版。

17.朱春龙:《曾国藩:呆书生乱世活命记》,北京时代华文书局2015年版。

18.张宏杰:《给曾国藩算算账:一个清代高官的收与支》,中华书局2015年版。

19.胡哲敏:《曾国藩治学方法》,当代中国出版社2015年版。

20.刘绪义:《曾国藩与晚清大变局》,九州出版社2015年版。

六、人才学篇

1. 李英时、张延岐编:《成才与方法》,黑龙江人民出版社 1985 年版。

2. 宗介华:《成才之谜》,广东教育出版社 1989 年版。

3. 银立民:《成才的奥秘》,漓江出版社 1995 年版

4. 吴甘霖:《天才思维:极限成功的顶尖智力》,中国青年出版社 2002 年版。

5. 杨春鼎主编:《成才思维》,黑龙江人民出版社 2003 年版。

6. 邢志:《成才与成功》,香港冠儒出版社 2006 年版。

7. 乔盛:《人才论》,中共中央党校出版社 2008 年版。

8. 胡国良主编:《成才之路》,高等教育出版社 2011 年版。

9. 高路:《人才》,中国青年出版社 2013 年版。

10. 唐益桥:《成才之道》,中南大学出版社 2015 年版。

后　记

　　我自参加工作以来，一直从事博士后的管理与服务工作，每天与作为高层次创新型人才的博士后研究人员们接触、沟通和交流，向他们求教、学习是我最大的快乐。博士后们渊博的知识、刻苦的精神、活跃的思维和不断追求进步的理想是我最羡慕、最渴望向他们学习的地方。与此同时，我也跟随我的博士生导师一起从事人才学方面的研究，我的导师教会我的最重要的东西就是善于思考。

　　在我的博士后朋友和博士生导师的帮助和指导下，我有了很多的想法。最近几年来，"钱学森之问"一直困扰着我，为此，我也一直在思考，最终我将希望寄托在了中华文化的经典著作上，试图从中华传统文化的经典中提炼出"成才之道"。受我的单位领导所著的《学问有道》的启发，我开始计划撰写一本名为《成才有道》的著作。当我把这个设想，说与滕方炜等几位博士后、博士朋友听时，大家一拍即合。后来，我们经过多次讨论，首先明确了我们撰写本书的目的，我们不仅仅是机械地解读经典，也不是为了解读而解读，更不是人云亦云，将成才之道与解读经典生搬硬套在一起；我们是把自身在成长、成才中的体会与心得融入到对经典的解读当中，希望我们的解读能够为别人、为社会提供一些有益的声音；所以我确信这本书是有血有肉的、活的作品。因此，该书非常适合青年学子、年轻父母以及党政领导干部、企事业单位负责人阅读并体悟。我们确定了本书的写作内容、格式和各自的分工等具体事项。在大家的共同努力下,全书很快就基本成型了。

本书的付梓得到了梁永军编辑的大力帮助。梁编辑为本书的校对、出版等做了大量细致的工作。在此,我也向梁永军编辑及其所在的河南人民出版社表示最真挚的谢意和最美好的祝愿!

还有一点不得不说的是,我们几位作者毕竟是初出茅庐的青年人,对中华文化经典的把握未免有不全面的地方,书中难免存在纰漏和谬误之处。希望广大读者不吝赐教!

是为后记!

孙大伟

2016 年元旦于北京